AF461841

RECHERCHES
PHILOSOPHIQUES
SUR LA DÉCOUVERTE DE L'AMÉRIQUE,

OU

DISCOURS

SUR

CETTE QUESTION,

Proposée par l'Académie des Sciences, Belles-Lettres & Arts de Lyon :

La découverte de l'Amérique a-t elle été utile ou nuisible au genre-humain ?
S'il en est résulté des biens, quels sont les moyens de les conserver & de les accroître ?
Si elle a produit des maux, quels sont les moyens d'y remédier ?

MANDRILLON.

Par M. J[H]. M*********.

A AMSTERDAM,
Chez LES HERITIERS E VAN HARREVELT.
MDCCLXXXIV.

Venient annis ſæcula ſeris,
Quibus Oceanus vincula rerum
Laxet & ingens pateat tellus,
Thyphiſque novos detegat orbes,
Neque ſit terris ultima Thule.

SENEC.

PRÉFACE.

Depuis la découverte de l'Amérique on a vu des savans de toutes les classes & de toutes les nations faire de cet évenement important le sujet de leurs discussions : mais aucun jusqu'à présent, si l'on en excepte MM. Raynal & Robertson, ne m'a paru l'avoir considéré sous le vrai point de vue philosophique.

Cette découverte présente à l'esprit une carriere immense à parcourir, des obstacles infinis à surmonter. D'un côté, l'aspect d'un nouveau monde enrichi des productions les plus brillantes de la nature, séduit & frappe d'admiration. De l'autre, un peuple nombreux, encore dans son enfance par rapport aux progrès du génie, laisse entrevoir à l'homme sensible tous les devoirs pénibles de la civilisation. Les biens & les maux, également répandus sur la terre & continuellement en conflict les uns avec les autres, ne permettent guere à l'homme qui en est le jouet, de montrer quel est le résultat de cette découverte pour les deux hémispheres. Le philosophe, peut être le plus en état d'en faire la recherche, a senti toute la difficul-

té de l'entreprife. Content de propofer à fon fiecle cette queftion importante & d'en foumettre l'examen à une célebre Académie, il veut laiffer fans doute à d'autres la gloire du fuccès. Il y a, je l'avoue, de la témérité dans un homme peu exercé, d'entreprendre cette folution, mais comme elle intéreffe tous les amis de l'humanité, cet intérêt feul réclame l'indulgence en faveur de ceux dont les connoiffances trop bornées n'auront pu percer le nuage qui leur dérobe la vérité.

Incapable de préfenter mes idées dans un ftile brillant, je me fuis contenté de les rendre avec précifion & fimplicité. S'il s'en trouve une feulement dont il puiffe refulter quelque bien, je ferai affez payé de mes recherches & de mon premier effai.

DISCOURS

SUR

CETTE QUESTION:

La découverte de l'Amérique a-t-elle été utile ou nuiſible au genre humain?
S'il en eſt réſulté des biens, quels ſont les moyens de les conſerver & de les accroître?
Si elle a produit des maux, quels ſont les moyens d'y remédier?

Effodiuntur opes, irritamenta malorum.
OVID.

EXAMEN DE CES QUESTIONS.

UNE matiere ſi importante, qui tient ſi fort aux qualités phyſiques & morales des premiers navigateurs qui découvrirent cette partie du monde & des hommes qui y furent ſucceſſivement envoyés pour y faire obſerver les loix européennes, exige préliminairement le développement des ſections ſuivantes.

1°. Quels ſont les maux que cette découverte a produits?

2°. Quels ſont les avantages que l'humanité en a retirés?

3°. Quels ſont les réſultats d'une juſte comparaiſon de ces maux & de ces biens?

On ſent que dans la ſomme de ces biens & de ces maux, l'on doit faire entrer non-ſeulement les maux paſſés & actuels, mais encore les biens & les maux futurs que cette découverte peut produire. C'eſt d'après ce réſultat qu'on connaîtra les moyens de conſerver le bien & d'obvier au mal.

PREMIERE PARTIE.

Avant de donner la nomenclature douloureuſe des maux, il n'eſt pas indifférent de rechercher d'abord:

Quel fut le but qu'on ſe propoſa en cherchant a découvrir un nouveau continent?

Quels moyens l'on prit pour ſoumettre ces peuples & conſerver cette conquête?

La découverte d'un Nouveau-Monde à l'occident du globe, ſurpaſſe toutes celles que les Portugais peuvent avoir faites dans l'Afrique & même dans les Indes. A l'éclat de ces navigations hardies, Colomb sentit se réveiller en lui le desir de pénétrer dans cette région inconnue en faisant route à l'Ouest. Il part & quand il croit toucher aux Indes, arrive au continent de l'Amérique. Telle au moins paroît avoir été la véritable cause de son entreprise. De tous les événemens, il n'en est aucun qui ait excité plus d'étonnement & d'admiration.

Si l'on considere l'espace que l'Amérique occupe sur le globe, qu'elle prépare naturellement la connoissance de terres encore inconnues (*), on est tenté de croire qu'un jour nos neveux, guidés dans l'objet de leurs recherches par l'histoire de nos entreprises & par nos lumieres, annonceront enfin à leur siecle ce passage si desiré de la mer du nord à celle du sud, ou probablement des terres qui le rendent impossible. On sent d'après ces réflexions seules, combien cet évenement peut devenir nécessaire & essentiel aux peuples de l'Europe.

Le motif principal qui porta les hommes à chercher un Nouveau-Monde, ne paroît

(*) Peut-être un 3e monde.

pas avoir été celui d'y porter les germes de la félicité, ou d'y aller puiser les moyens de devenir meilleurs. Si ce principe eût été le mobile des découvertes, on ne se seroit pas attaché à parcourir seulement les côtes, on auroit cherché à pénétrer avec soin dans l'intérieur des terres: & l'étude des hommes auroit été l'objet le plus important; mais depuis plus de deux siecles & demi que les Européens ont doublé le cap méridional de l'Afrique, & qu'ils ont porté le commerce dans la plupart de ses ports, ils ont trop négligé les recherches utiles dans ces contrées intérieures. Quoique les missionaires jésuites les aient traversées en plusieurs endroits de l'est à l'ouest, & qu'il y ait même encore actuellement des voitures réglées qui transportent des marchandises du Paraguay au Pérou, nos connoissances à cet égard sont toujours très-bornées. Cette seule remarque suffit pour montrer que l'esprit de commerce & l'espoir du gain ont été les seuls motifs de ces voyages. De tout tems, l'avarice & l'ambition ont étouffé l'amour du bien public. Le plus grand nombre de ceux qui par leur influence & leur autorité auroient pu répandre ces heureuses dispositions, n'y ont pas mis assez de prix; c'est l'histoire morale de tous les âges & de tous les peuples. En effet, le bonheur de l'humanité, tant vanté, tant prêché dans les ouvrages anciens & modernes, ne se présente encore à nous que comme une ombre qui nous échappe à l'instant que nous essayons de nous en saisir.

Si l'on excepte Colomb, l'esprit naturellement inquiet des premiers navigateurs en Amérique, la soif brûlante des richesses plus encore que de la célébrité, ont toujours été le véhicule puissant de leurs tentatives. Ils n'ont considéré cette région que comme le centre des plus riches métaux, &, pour s'en rendre maîtres, ils ont fait autant de victimes ou d'ennemis qu'ils y ont trouvé d'habitans. On ne peut disconvenir que des souverains ou des compagnies particulieres ne se feroient jamais déterminés à favoriser, à seconder les projets de ces aventuriers, s'ils n'eussent espéré, par l'augmentation de leurs richesses ou de leurs possessions, trouver un ample dédommagement aux risques & aux dépenses qu'exigeoit une pareille entreprise. Cette assertion paroîtra plus vraisemblable, si l'on réfléchit sur les prérogatives & les bienfaits dont la cour d'Espagne gratifia Colomb.

ainsi que ses descendans, pour le récompenser de ses services & de ses conquêtes, prérogatives & bienfaits qui n'ont pu être accordés que dans l'espérance d'un avantage dont on se faisoit une idée bien plus grande. Il suit de ces réflexions préliminaires, que l'amour des richesses, joint à l'ambition de devenir plus puissant & de commander à des peuples éloignés, pouvoit seul déterminer à ces risques & à ces dépenses. D'ailleurs, le siecle de Colomb n'étant point encore assez éclairé pour secouer les chaînes du fanatisme & de la superstition qui tenoient l'Espagne assujétie, c'eût été révolter tous les esprits de proposer la découverte d'un Nouveau-Monde, uniquement pour porter à des peuples nouveaux les principes d'un bonheur dont on n'avoit pas d'idée, & d'une religion dont on défiguroit le caractere auguste. Aussi, Colomb, bien supérieur à son siecle, ne présenta ses projets que sous l'unique point de vue d'enrichir la patrie qu'il venoit d'adopter. Sans cela, comment auroit-il pu triompher des obstacles des courtisans, dissiper les craintes d'Isabelle, & braver le mépris insultant de ses ministres? mais il eût l'habileté d'intéresser la gloire de l'une en flattant l'ambition des autres. Il eſt même apparent que ſans ces ſages meſures, ce grand homme n'auroit jamais pu mettre ſes vaſtes projets à exécution, & qu'il auroit emporté dans le tombeau ſes connoiſſances & ſes moyens. De tels obſtacles euſſent peut-être retardé de quelques ſiecles la découverte de l'Amérique: je dis de quelques ſiecles, parce que la nature, avare de ces génies créateurs, n'en offre que très-rarement à l'univers pour opérer ces révolutions qui l'étonnent & l'inſtruiſent (1).

---

(1) Sur quelques relations fabuleuſes, on a prétendu que les Phéniciens & les Carthaginois avoient voyagé en Amérique; mais cette opinion eſt auſſi peu fondée ſur les monumens hiſtoriques que ce qu'on a dit de nos jours des prétendues navigations des Chinois vers les plages du Mexique & du Perou. A l'époque de 1491 les Chinois n'avoient fait aucun voyage de long cours. Leur ignorance géographique étoit même ſi grande que l'iſle Formoiſe qui n'eſt cependant qu'à dix-huit lieues de leurs côtes, leur étoit inconnue: ſans nos miſſionnaires ils n'auroient pas même aujourd'hui la carte de leur empire. On ne ſauroit donc ſans injuſtice diminuer par ces ſuppoſitions la gloire que Colomb mérite à tant de titres. Il n'eſt donc pas apparent que l'Amérique ait été peuplée par les Chinois. Les Péruviens, il eſt vrai, leur reſſemblent en bien des points; mais comment peut-

Grand homme! Si des demeures céleſtes où tes vertus & ton courage ont dû te placer, tu daignes agréer mon foible hommage,

---

on croire un moment, qu'ils aient fait le trajet immenſe par mer de la Chine au Pérou? S'il y a un peuple en Europe qui ait effectivement fréquenté quelques côtes de l'Amérique ſeptentrionale avant Colomb, ce ne peut être que les Islandois & les Norwégiens, puiſqu'on ne ſauroit diſconvenir que les uns & les autres n'aient fait avant le XVe ſiecle des établiſſemens au Groënland, regardé aujoud'hui comme une partie du nouveau continent. Mais il en eſt des Groënlandois comme des Kamſchatkadales chez qui les glaces empêchent de voyager fort avant dans les terres & d'avancer beaucoup vers le pole. Ces obſtacles, joint à la dureté continuelle du climat, ſuffiſoient pour rebuter les navigateurs les plus déterminés, qui auroient voulu faire des découvertes. Enfin, de quelque maniere que l'Amérique ait été peuplée, de quelque maniere qu'elle ait pu communiquer dans le principe avec un autre continent, dont peut-être elle fut ſéparée par de violens tremblemens de terre; de quelqu'ignorance dont on puiſſe accuſer ſes habitans lors de la découverte, il eſt certain que ces peuples méritoient d'être mieux connus & plus épargnés. Quand nos voyageurs ſeront plus occupés du deſir d'étudier & de connoître les hommes que d'amaſſer des richeſſes, ils tenteront des voyages dans l'intérieur de l'Amérique; peut-être y trouveront ils des peuples nombreux & civiliſés, des royaumes puiſſans, & nos doutes ſeront levés.

Colomb, la juſtice que je te rends ſera pour moi un des devoirs les plus doux! Le ciel en te formant te deſtina à nous ouvrir des routes nouvelles ſur l'océan: c'étoit ſans doute pour former les liens de fraternité entre les deux mondes! Si tes deſtins euſſent été couronnés par des ſuccès plus heureux, tes deſſeins moins traverſés, & ta vie plus longue, tu nous aurois enſeigné l'art de faire de ces peuples, un Nouveau-Monde d'amis; mais tant de gloire ne pouvoit embellir les jours d'un ſeul homme. Tu devins victime de ta confiance & de la baſſe jalouſie des courtiſans; ton ouvrage, continué par des mains moins habiles, au lieu d'être achevé & perfectionné, ne fut plus qu'une opération hériſſée d'obſtacles toujours renaiſſans & accompagnée de maux dont le ſouvenir ſeul attendriroit les cœurs les plus durs & les plus inſenſibles.

Quand la découverte de l'Amérique ſeroit un mal pour l'Europe, nous ne devrions pas moins reſpecter la mémoire de Colomb, parce qu'il n'a jamais terni ſa gloire par des actions indignes d'un grand homme; loin de lui en imputer la cauſe, nous n'en devons accuſer que notre imprudence & notre méchanceté. Si cette découverte eſt un bien, il a de nouveaux droits à nos hommages & à notre reconnoiſſance.

Après avoir montré le but qu'on ſe propoſa dans la découverte d'un nouveau continent, voyons, pour parvenir au développement des maux qui en reſulterent, quels moyens l'on prit pour ſoumettre ces peuples, & conſerver cette conquête.

Si l'on eût ſuivi le ſyſtême de Colomb, l'on n'auroit employé que les moyens les plus doux ; mais bientôt ſon autorité fut mépriſée, & l'on ne mit en uſage que ceux dictés par la barbarie, l'inhumanité & la plus inſatiable cupidité. La plus grande partie des peuples indigenes (2) fut exterminée, & l'on réduiſit le reſte à un eſclavage odieux qu'on augmenta par le tranſport des negres.

Chriſtophe Colomb, revêtu des pouvoirs les plus étendus, s'occupa du ſoin de conſerver les terres dont il venoit de prendre

---

(2) Ce ſera toujours de ce peuple indigene dont je voudrai parler dans la ſuite de ce diſcours, ſoit que je me ſerve du terme d'*Américain* ou d'*Indien*.

poſſeſſion au nom de ſon ſouverain, & d'y faire adopter & chérir les loix de ſon nouveau gouvernement. Semblable à un pere de famille qui veille au bonheur de ſes enfans, ce ſage légiſlateur fit publier divers réglemens aſſignant aux Américains le genre d'occupation à laquelle ils pouvoient être propres. Il ſe portoit ſucceſſivement dans les divers diſtricts pour les encourager au travail; la douceur fut toujours le moyen dont il ſe ſervit pour ſe faire obéir, & s'il s'en écarta quelquefois, ce fut par un principe d'ordre, de prudence & de juſtice, plutôt que de ſévérité. Les momens de repos étoient employés à cultiver leurs eſprits, à éclairer leurs conſciences dans les voies du ſalut. Pendant le ſéjour de Colomb, les Américains furent traités avec bonté; la préſence du chef en impoſoit à ceux qui, moins humains que lui, auroient pu abuſer de leur autorité & de la foibleſſe des Indiens. Tout enfin paroiſſoit promettre à cet illuſtre navigateur l'avenir le plus flateur & le plus conſolant; heureux d'avoir augmenté les poſſeſſions de ſon maître ſans effuſion de ſang, content des réglemens qu'il avoit faits pour maintenir le bon ordre & l'harmonie la plus heureuſe, il crut pouvoir retourner en Espagne pour rendre compte de ses opérations. On eût dit, quand il partit, qu'il emportoit avec lui tout le bonheur des Américains: ils suivoient tristement des yeux le vaisseau qui le portoit, mais quand la rapidité de sa course le leur eut entierement dérobé, un secret pressentiment s'empara de leurs esprits & sembloit leur annoncer tous les maux. Ce pressentiment hélas! n'étoit que trop vrai.

A peine Colomb eût-il quitté l'isle d'Hayti, que les premiers Espagnols qu'il y laissa, furent les premiers tyrans qui souillerent cette contrée malheureuse. Toutes les loix humaines furent méprisées, le despotisme le plus cruel adopté, & l'arrêt de mort prononcé contre tous les Américains.

Séduits par l'appas de l'or, unique but de leurs recherches, les Européens ne virent dans les propriétaires de ce riche métal que des hommes d'autant plus indignes d'en jouir, qu'ils n'en faisoient d'autre usage que celui auquel nous destinons le cuivre ou le fer. Ces peuples attachoient si peu d'importance à cette riche, mais funeste production, que négligeant de l'aller puiser dans le grand foyer des mines, ils ne daignoient ramasser que celui que les torrens détachoient de la maſſe & entraînoient après eux dans les plaines. L'Américain, naturellement bon, doux & confiant, quand on n'étouffe pas en lui ces heureuſes qualités, enchanté de prévenir les Européens & de ſatisfaire leur impatiente avidité, s'empreſſa de leur découvrir la ſource de ces tréſors immenſes que la terre recéloit (3). Mais, que cette condeſcendance

(3) Dans toutes les excurſions des Eſpagnols en Amérique, on les a continuellement vus guidés par le deſir de ſe procurer de l'or. Que l'on réfléchiſſe ſur le courage de Balboa & de ſes compagnons, lorſqu'inſtruits par un cacique qu'il y avoit un pays peu éloigné du Darien où ils étoient alors, qui produiſoit une quantité immenſe d'or & de perles, ſans être rebutés par les fatigues & les dangers d'une marche longue & pénible, épuiſés, tombant preſque d'inanition, rien ne fut capable de ralentir leur projet, tant la ſoif de l'or leur faiſoit braver toutes les ſouffrances. On eût dit, à les voir aſſis ſur ces mines précieuſes, qu'ils en faiſoient leur ſubſiſtance. Quand la nouvelle de cette découverte parvint en Eſpagne, elle y produiſit une auſſi grande joie que celle qu'on avoit éprouvée lors de la découverte du Nouveau-Monde; la fermentation fut ſi grande dans les eſprits, qu'il s'enſuivit une émigration conſidérable. On vit juſqu'à 1500 gentilshommes abandonner leur patrie pour aller dans un pays où la renommée publioit qu'il n'y avoit qu'à jeter les filets dans la mer pour en retirer de l'or.

coûta cher à ce peuple! Elle devint le principe & la cause de tous leurs malheurs, en même tems que de la décadence de l'Espagne. Si les Espagnols eussent mieux connu leurs intérêts, ils se seroient contentés de former avec les Indiens des liaisons conformes aux loix de l'humanité, en établissant entre eux une dépendance & un avantage réciproque : les échanges des manufactures d'Europe contre l'or & l'argent brut des Indes auroient été utiles & avantageux aux deux nations, & les heureux fruits de cette confiance mutuelle auroient été la source & la base d'une intimité dont l'Espagne auroit tiré les plus brillans avantages. Le sang des deux nations, au lieu d'arroser les champs de l'Amérique auroit été épargné, & le Mexique ainsi que le Pérou seroient également tombés au pouvoir de l'Espagne : quelle différence de gloire & de prospérité pour cette puissance! Elle auroit vu les rois & les empereurs de ces regions lointaines apporter leurs richesses au pied du trône d'Espagne! N'eût-il pas été plus doux, plus avantageux de rendre ces souverains tributaires, que de les égorger pour satisfaire la plus indigne avidité & la plus cruelle des dominations, que de prétendre régner sur des terres arro-

sées

ſées de ſang, & ſur des palais reduits en cendres !

Mais, au mépris des loix divines & humaines, les officiers de Colomb braverent la honte dont ils ſe couvroient, & la crainte même des châtimens qu'ils méritoient : malheureuſement perſuadés que les Indiens n'étoient que des hommes avilis & dégradés par la nature, entierement privés des dons les plus ordinaires à la qualité d'hommes, ils ne les regarderent que comme des brutes, & les traiterent comme tels. Le ſoldat, eſclave par ſubordination, & moins éclairé que le chef, devint machinalement l'inſtrument de la barbarie de celui-ci & fut dupe de ſon propre aveuglement. L'exploitation des mines étant l'unique objet des Européens, on les vit condamner à ce travail de mort ces habitans timides & dociles : privés de la lumiere du jour dans ces gouffres creuſés par l'avarice, ces malheureux Indiens ne revoyoient le ſoleil que pour ſe montrer mutuellement leurs larmes. Replongés de nouveau dans ces abîmes, ſouvent le pere périſſoit à côté du fils ſans avoir au moins la conſolation qu'il lui fermât les yeux... C'eſt dans ces antres ténébreux que fut enſevelie la plus grande partie des natifs. Qu'on juge de la douleur de ceux qui venoient remplacer les premieres victimes, lorsqu'avant d'arracher l'or des fentes des rochers, ils devoient ou porter les cadavres de leurs proches hors de ces souterrains infects, ou les fouler aux pieds pour obéir à l'avide impatience des barbares qui sans cesse les harceloient. Bientôt tout le pays devint un désert. La plupart des habitans préférant la misere à l'esclavage, quitterent leurs maisons, leurs propriétés, pour s'enfuir dans le fond des forêts, dans des montagnes inaccessibles où la rigueur du climat les rendit sauvages. Heureux encore de n'être pas arrêtés dans leur fuite, car *Las Casas* dit qu'il a vu cinq caciques brûlés pour s'être enfuis avec leurs sujets.

Tel est le tableau de la conduite que tinrent les officiers de Colomb pendant son absence. Le mal étoit déjà trop enraciné & la plaie trop profonde, pour que Colomb par son retour pût y porter du remede. Cette terre qui peu d'années auparavant, avoit été pour lui la récompense de son courage, de ses talens & de son humanité, cette terre dont le premier aspect lui fit verser des larmes de joie, & sur laquelle enfin il avoit fondé ses plus belles espérances, cette terre dont les habitans lui étoit si chers, ne paroît plus à ses yeux que couverte de morts & de mourans; ce n'est plus qu'un désert jonché de membres & d'ossemens épars. Au bruit de son retour les Indiens quittent leurs travaux, accourent au rivage & semblent en l'abordant lui redemander un pere & un vengeur. Le reste de ces malheureuses victimes ne s'offre plus à ses yeux que comme des spectres hideux dont les larmes & l'abattement semblent lui reprocher d'avoir osé franchir les limites que le ciel paroissoit n'avoir mis entre eux & lui, que pour en interdire à jamais la communication. Emu, pénétré d'un spectacle si touchant, Colomb tombe évanoui; rappelé quelques momens après à la vie par l'abondance des pleurs qui se font passage, il paye à la nature le tribut que lui rend dans la douleur & l'amertume toute ame tendre & compatissante. Mais ranimé par son courage, il cherche les moyens de réparer ces injustices & ces barbaries en faisant séverement punir les coupables.

Tandis qu'il vengeoit ainsi l'innocence opprimée, dont il se déclaroit le pere & le protecteur, la basse jalousie, l'envie & la calomnie le peignoient à la cour d'Espagne comme un tyran, un ambitieux, un homme indigne des faveurs & des bontés du ſouverain. Bientôt on obtient du prince, ou plutôt on lui arrache les ordres les plus précis de s'en ſaiſir & de le conduire en Eſpagne pour examiner ſa conduite & lui faire ſon procès. En conſéquence, de vils miniſtres ſe tranſportent dans le Nouveau-Monde, & à la honte de l'eſpece humaine, ils oſent charger de fers le mortel dont elle devoit le plus s'honorer. Qu'on ſe répreſente ce grand homme ſi reſpectable & ſi digne d'être reſpecté, Colomb qui méritoit des ſtatues, accuſé d'un crime qui n'étoit pas le ſien, ſe voir conduire comme un criminel devant des juges iniques qui connoiſſoient ſon innocence! Qu'on ſe repréſente cet homme célebre, traîné honteuſement devant un ſouverain qui auroit dû ceindre ſon front du bandeau royal & l'aſſocier au trône. Mais, ſans égard à ſes ſervices & ſes vertus, il fut traité comme coupable. En récompenſant Colomb, la gloire du monarque auroit été auſſi grande, auſſi méritée que le ſera dans tous les ſiecles celle de ce navigateur à jamais célebre. Cette injuſtice fut en quelque ſorte le préſage fatal de toutes les barbaries dont ce malheureux pays devoit être le théâtre.

Je paſſe ſous ſilence les autres événemens de la vie de Colomb, quelque intéreſſans qu'ils aient été juſqu'à ſa mort, parce que ces détails ſont très-connus, & que je n'écris point la vie de ce grand homme. Je me bornerai, ſans m'arrêter aux dates, à rapprocher les actions des Européens dans le Nouveau-Monde; car, malgré mes regrets & ma ſenſibilité, je dois expoſer encore certains traits qui mettent un grand poids dans la balance des maux. J'en appelle à vous, Montezuma, Guatimoſin, Atahualpa, victimes infortunées des Cortez des Pizarre & de leurs ſucceſſeurs.

Les efforts des Caciques, pour ſe ſouſtraire aux horreurs de la tyrannie & recouvrer leur liberté, occaſionnerent de nouvelles ſçenes de déſolation & accélererent l'entier eſclavage des Américains. Parcourons les faſtes de l'hiſtoire; nous verrons avec douleur, que ni l'eſprit de bienfaiſance & d'humanité, ni le caractere ſacré de la Religion (1), encore moins le deſir,

(1) Pluſieurs hiſtoriens qu'on ne peut ſoupçonner de vouloir flatter Iſabelle, s'accordent à dire que le principal motif des encouragemens que cette reine donna à l'expédition de Colomb, fut le deſir d'étendre la foi chrétienne, de porter la connoiſſance de la vérité & des conſolations à des peuples privés des

d'éclairer l'Amérique, d'en rendre les habitans plus heureux, n'ont dirigé le projet de faire des découvertes. L'or feul enchaînoit tous les efprits & dirigeoit toutes les opérations. *Auri facra fames.......!*

Depuis le golfe de la Trinité jufqu'aux extrémités du Mexique, la dépopulation fut prompte & confidérable (1). Les Efpagnols

---

lumieres de la religion. Mais l'évenement répondit fi peu à ces intentions chrétiennes que, s'il n'eft pas permis de révoquer en doute le témoignage de ces hiftoriens, il faut convenir que les fouverains font rarement obéis quand ils commandent le bien, furtout quand l'ambition & la cupidité étouffent dans les miniftres de leurs volontés tous les principes de juftice & d'humanité, & qu'ils peuvent en impofer à leurs maîtres par de perfides rapports. Auffitôt que le cri des opprimés vient frapper leurs oreilles, les fouverains doivent penfer qu'ils font fervis par des traîtres. Il eft de leur devoir & de leur réligion de remonter à la fource du mal. C'eft alors qu'ils doivent févir contre les coupables & n'accorder leur confiance qu'à des hommes integres dont ils fe font affurés: s'ils ne veulent ou n'ofent réprimer ces abus, ils n'en font pas moins refponfables à leur fiecle & à la poftérité.

(1) Las Cafas dit qu'en parcourant toutes les petites ifles Lucayes il n'y trouva qu'onze habitans, refte de plus de cinq cents mille; il compte plus de deux millions d'hommes détruits dans Cuba & dans Hifpagniola & dix millions dans le continent. *Voyez la note page 31.*

& les Portugais porterent à l'envi dans ces régions nouvelles avec tous les fléaux qui déſoloient l'Europe, l'exemple de tous les crimes. D'un côté je vois des hommes autant pervers qu'avilis, commander une multude d'aventuriers encore plus pervers & plus vils; des loix de ſang, & des réglemens infâmes autoriſer le vol, le brigandage & la cruauté; d'un autre côté le foible Indien courbé ſous le poids des travaux, ſuccomber à la fatigue & périr ſous les coups de fouets de ſes barbares tyrans. Ici ce ſont des milliers de malheureux que l'on force à excaver les plus hautes montagnes pour en tirer ce métal funeſte, cauſe toujours renaiſſante de déſordre & de diviſion; ce ſont des rochers qui, impregnés des larmes, des ſueurs & du ſang de ces victimes, ſemblent perdre leur dureté naturelle pour offrir plus promptement à l'œil les richeſſes qu'ils receſlent, principe unique de leur malheur & de leur ſervitude. Là c'eſt le raſinement des ſuplices exercés ſur des créatures innocentes, qui déjà dévorées à demi par des chiens dreſſés à ces horreurs, ſe voient enſuite mourir à petit feu ſur un bucher qui leur ſert de ſépulture. Partout ce ſont des campagnes fertiles entierement dévaſtées, des villes réduites en cendres, des citoyens autrefois heureux & paiſibles qui, dénués de ſecours & d'aſile, perdent leur droits & leur liberté ; des trônes renverſés, des temples profanés, des rois égorgés ſous le diadême, des enfans poignardés ſur le ſein palpitant de leurs meres, des prêtres maſſacrés ou brûlés ſur les autels mêmes qui ſervoient à leurs cultes, à leurs ſacrifices. En un mot, les Européens ſe ſont ſouillés de tant de crimes dans cette partie du monde, que près de trois ſiecles n'ont encore pu effacer ni adoucir ces barbaries aux yeux de la poſtérité. Telle fut la conduite que tinrent les vainqueurs du Nouveau-Monde : & tels furent les moyens dont ils ſe ſervirent pour s'aſſurer la poſſeſſion entiere de leur conquête. Enfin, le ſang ne ceſſa de couler que lorſqu'il ne reſta plus de victimes ou de réſiſtance. Le reſte infortuné de ce peuple indigene ne pouvant plus ſuffire aux beſoins des Européens, il falut s'occuper des moyens de remplacer ce vuide affreux, & ces moyens furent de même un crime de leze-humanité. L'importation des negres dans cette région mit le comble & le dernier ſceau à la perverſité du cœur humain.

Il importe infiniment à la ſuite de ces réſultats d'examiner les conſéquences qu'ils eurent reſpectivement pour l'Amérique & pour l'Europe: commençons par l'Amérique.

Nous venons de voir que la cupidité des Européens fut la premiere cauſe des maux des Américains: mais il me reſte à montrer qu'il eſt des cauſes encore plus grandes qui les étendirent en les perpétuant. Ce furent les loix auxquelles on aſſujettit cette partie du monde, & qui devinrent une ſource intariſſable & permanente de deſtruction.

Des hommes ignorans, pareſſeux & diſſipés, chargés de l'adminiſtration de ces nouveaux domaines, ne pouvoient ſentir l'importance de leurs devoirs, encore moins le prix d'une ſage induſtrie & d'une culture réguliere. Auſſi laiſſerent-ils les terres en friche, & perdirent ainſi tout ce que pouvoient leur promettre la bonté du ſol & la docilité des Indiens. Uniquement occupés de l'exploitation des mines, ils ſacrifierent à leur intérêt particulier celui de leur patrie. La cour d'Eſpagne éblouie, aveuglée par l'appas d'une moiſſon abondante d'or & d'argent, que les administrateurs en Amérique faisoient espérer encore plus considérable par la suite, donna volontiers les mains à toutes leurs insinuations. Par les premiers réglemens les Indiens furent divisés par classe pour les occuper plus assiduement au travail des mines : ces réglemens eurent lieu, malgré les réclamations de quelques individus qui en sentoient toute l'injustice & l'inconvénient. Semblables à des bêtes de somme, l'on vit ces malheureux Indiens pressés, poussés, écrasés sous le poids des travaux.

Une conduite aussi deshonorante ne pouvoit manquer de révolter ceux qui, par état autant que par humanité, déploroient le sort de tant d'infortunés. Privés des consolations de leur religion, ces malheureux Indiens en périssant dans la misere & les tourmens, ne pouvoient que maudire leurs oppresseurs, & blasphémer contre le dieu des Européens : quelques missionnaires envoyés dans cette région pour y propager la religion chrétienne & diriger la conscience de ces peuples vers ses principes salutaires & consolans, éleverent fortement la voix contre ces abus, & porterent même des plaintes à la cour d'Espagne. Las Casas, l'ami des Américains, mais dont malheureusement la politique n'égaloit pas le zele, fut de tous les miſſionnaires le ſeul qui oſa ſoutenir & défendre la cauſe des opprimés. Il le fit avec d'autant plus de confiance & de fermeté que perſonne n'étoit plus convaincu que lui de l'injuſtice des chefs de l'adminiſtration en Amérique & de la ſituation déſeſpérée de ſes habitans.

Fatigué des plaintes qui perçoient quelquefois juſqu'au trône, le roi d'Eſpagne, longtems abuſé par des miniſtres intéreſſés à favoriſer ſourdement les rapines de leurs protégés, voulut enfin s'éclaircir ſur ces matieres pour travailler, s'il étoit poſſible, au bonheur de ſes nouveaux ſujets. Ce ſentiment, ſans doute, cette tendreſſe paternelle font honneur à ſon ame, & ſi Charles Quint, avec ſa prévoyance & ſon pouvoir n'a pu opérer ce grand ouvrage, on doit lui tenir compte de l'avoir voulu. L'idée généralement reçue en Eſpagne que les Américains étoient ignorans, méchans, indociles & ſurtout incapables de connoître, ſentir & aprécier les ineffables myſteres de la religion, contribuoit beaucoup à tolérer en Eſpagne les vexations qu'on leur faiſoit éprouver. Mais, lorſque Las Caſas eut décillé les yeux de la cour, on commença à réfléchir &

l'on vit qu'il étoit des moyens de remédier aux maux des Indiens, sans nuire aux avantages qu'on pouvoit espérer de leurs travaux.

La cause fut plaidée au tribunal même de Charles-Quint entre Las Casas & Quevedo évêque du Darien : ce dernier osa avancer & soutenir en présence du souverain que les Indiens étoient des brutes, des hommes que la nature avoit marqués du sceau de la servitude. Las Casas combattit vivement cette assertion & démontra avec évidence que ce peuple au contraire n'étoit pas moins doué des facultés intellectuelles que les Européens, & qu'en se servant des moyens de la douceur & de la patience, on pouvoit en faire non-seulement de bon chrétiens, mais encore des citoyens utiles. Charles-Quint, persuadé, édifié des raisonnemens de Las Casas, le chargea de nouveaux ordres, de nouveaux réglemens, & lui donna ses pleins-pouvoirs pour travailler au bonheur de ses nouveaux sujets. De retour en Amérique, ce généreux défenseur s'occupa du soin de promulguer les nouvelles ordonnances & d'en faire jouir ceux en faveur de qui elles étoient formées. Mais il rencontra tant d'obstacles, tan d'ennemis puissans, que ne pouvant surmonter les uns

& vaincre les autres, ſes plans reſterent ſans exécution. Le ſort des opprimés fut d'autant plus douloureux que, ſur le zele & les aſſurances de leur protecteur, ils avoient eu quelque lueur d'eſpérance de voir bientôt, ſi non finir leurs maux, au moins adoucir leur ſervitude. D'après cette expoſition, on ne ſauroit donc attribuer ces maux uniquement à l'intolérance, au fanatisme des miſſionnaires, puiſqu'il paroît que pluſieurs furent les défenſeurs des Indiens & que l'avidité, la barbarie des chefs de l'adminiſtration civile en furent les cauſes principales.

Ce n'étoit point aſſez de faire de nouveaux réglemens, il eût fallu rappeler tous les hommes qui étoient ſuſpects & les remplacer par des citoyens vertueux, des juges integres dont on auroit été ſûr; il eût fallu, (s'il étoit donné à un ſeul homme, ſurtout à un roi, de bien voir & de bien juger du cœur humain) il eût fallu, dis-je, que le ſouverain, uſant de ſon autorité ſuprême, au lieu de ſe laiſſer entraîner & ſéduire par les brigues & les cabales de ſes courtiſans & de ſes miniſtres, eût dit : *je le veux*, il auroit ainſi fait taire la jalouſie, l'envie & l'inſatiable avidité, & en ſacrifiant une centaine de coupables il auroit ſauvé un million d'innocens. Au lieu de ces opérations vigoureuſes, on ſe contenta de recommander plus de juſtice, plus de modération à ces adminiſtrateurs; mais accoutumés à abuſer de la confiance & de l'autorité du ſouverain, au mépris des menaces du parti oppoſé, ils n'en continuerent pas moins leurs vexations. A ces vices de l'adminiſtration il faut ajouter encore la maniere qu'employoient les miſſionnaires pour aſſujettir ces peuples aux dogmes de l'Europe, en exigeant qu'ils compriſſent des myſteres que les inſtituteurs ne pouvoient expliquer eux-mêmes. Quoi de plus abſurde, quoi de plus oppoſé à la ſaine raiſon & à la bonté du créateur, que d'uſer de menaces & de violence pour forcer les hommes à honorer Dieu d'un culte particulier à telle ou telle ſociété ! N'étoit-il pas plus naturel de chercher à les leur perſuader avant de vouloir les leur faire croire ? Et ne devoit-on pas penſer qu'au défaut de perſuaſion, il n'y avoit que l'empire ſeul de la douceur & du bon exemple qui pût établir en eux le don de la foi, don ſi néceſſaire & ſi précieux pour les humains, ſurtout pour les malheureux. Nous avons dit ci-devant, que les miſſionnaires défendoient la cause des Indiens contre leurs oppresseurs, & l'on auroit raison de réfuter maintenant ce que nous venons de dire sur la conduite peu chrétienne qu'ils tinrent en les instruisant en matiere de religion, si l'histoire ne nous apprenoit que dans le grand nombre de ces instituteurs, il n'y en avoit qu'une partie naturellement portée aux voies de la douceur, & qu'il y eut autant de factions & d'animosités entre eux que parmi les chefs de l'administration civile. Enfin le zele immodéré de la religion, coûta presque autant de sang & de larmes aux Indiens que les chaînes du despotisme & la tyrannie des loix. On évalue à douze millions d'hommes le nombre des Indiens massacrés dans le vaste continent du Nouveau-Monde. Cette proscription, dit M. de Voltaire, est à l'égard de toutes les autres ce que feroit l'incendie de la moitié de la terre à celui de quelques villages (1).

---

(1) Quoique ce ne soit point du nombre plus ou moins grand des victimes que nous devions tirer nos conséquences pour ou contre, il n'est pas indifférent de rectifier cette évaluation. Quelques auteurs ont osé la porter à cinquante millions, sans considérer que tout l'empire d'Allemagne, l'Espagne & la France ensemble contiennent à peine aujourd'hui ce nombre

Plusieurs de ces malheureux, ou par ignorance, ou par abrutissement, eurent à souffrir des maux affreux, & préfererent de mourir plutôt que d'adopter un culte qui permettoit tant de vexations. D'autres moins fermes & moins courageux, mais plus dissimulés, parurent être pénétrés des vérités qu'ils ne comprennoient pas afin de conserver par là leur existence & quelque adoucissement dans les travaux publics: c'est de cette crainte ou de cette nécessité, que l'on vit naître pour la premiere fois chez ce peuple, jadis si franc, un mal presque aussi funeste que la servitude dont il cherchoit à s'affranchir: je veux parler de l'hypocrisie. Croiroit-on, qu'à l'exemple des Européens, il se fût trouvé parmi ce peuple indigene, des hommes qui donnant tout à l'extérieur osoient se mentir à eux-mêmes, se parjurer, devenir les délateurs infâmes & les

d'habitans. D'ailleurs, au moment de la découverte de l'Amérique, la population de tout le Nouveau-Monde ne pouvoit guere être portée au-delà de quarante millions, ce qui ne fait que la vingtieme partie de la totalité de l'espece humaine dans la supposition de ceux qui donnent à notre globe huit cents millions d'individus.

les oppreſſeurs de leurs propres concitoyens! C'eſt ainſi que des mains qui auroient dû s'armer contre le fanatiſme devinrent les instrumens de ſes fureurs. Non content de leur avoir inſpiré des mœurs perverſes & perfides, on altéra encore leur conſtitution phyſique en leur fourniſſant en abondance des liqueurs fortes, préſent fatal, poiſon mortel, cauſe toujours renaiſſante de querelles & de diviſions entre les familles indiennes.

Pour balancer ces maux, que n'ai-je à préſenter maintenant la ſomme des biens que cette découverte peut avoir produits à l'Amérique! Mais, malgré mes recherches, & le deſir que j'aurois eu d'en faire l'énumération, je n'en ai vu d'aucune eſpece ni en morale, ni en politique pour les indigenes. Avant l'arrivée des Européens, les peuples du Nouveau-Monde vivoient heureux & paiſibles; leurs deſirs ne paſſoient point les bornes de leur pouvoir. Leur ſol, il eſt vrai, étoit en partie hériſſé de ronces & couvert de forêts; la culture étoit ou ignorée, ou négligée. Ces mêmes terres, fécondées par une culture reguliere, ſont maintenant des terres productrices; l'air y eſt plus pur & plus ſalubre, le ſéjour plus agréable & moins pernicieux. Ces peuples ignoroient le secret de forger le fer, ce qui les privoit de beaucoup de commodités & les mettoit dans l'impossibilité d'exploiter leurs forêts, de perfectionner la culture des terres. C'est sans doute à l'Europe que l'Amérique est redevable de cette amélioration: mais n'est-il pas vraisemblable que les Mexicains & les Péruviens, dont les empires étoient si brillans, qui avoient déjà fait tant de progrès dans les arts & dans la civilisation, auroient perfectionné leurs connoissances & communiqué leurs lumieres au reste de l'Amérique? Et certainement ces peuples n'eussent pas vendu leurs services aussi cherement que les Européens; les avantages réciproques auroient été bien mieux établis & plus considérables; il est donc évident que l'Amérique sauvage se seroit tôt ou tard civilisée sans le secours de l'Europe. Au surplus,

On ne peut desirer ce qu'on ne connoît pas;

& l'Indien, pour être moins bien instruit, n'en auroit pas été plus malheureux, puisque ses connoissances lui suffisoient pour être content. Examinons l'état des sauvages de l'Amérique, & des autres indigenes: nous verrons qu'ils ne sont ni mieux instruits, ni mieux civilisés, quoiqu'il y ait près de trois siecles que les Européens paroissent s'en occuper. Au contraire, ils nourriſſent contre nous une méfiance naturelle & une haine implacable qui leur ſont tranſmiſes de génération en génération (*). Ils croient, comme leurs ancêtres, que nous ne ſommes venus chez eux, que pour les chaſſer de leur propre domaine & détruire le bonheur dont ils jouiſſoient. N'eſt il pas naturel en effet qu'ils ſe regardent comme les ſeuls vrais propriétaires de cette région immenſe, & qu'ils ne voient par conſéquent en nous que d'injuſtes uſurpateurs? (1).

(*) Le ſouvenir ſeul de la perfidie des Eſpagnols, lors du maſſacre de la reine de Xaragua & de preſque tous ſes ſujets dans l'iſle de ce nom, ſuffiroit pour exciter leur haine.

(1) Il eſt difficile d'imaginer comment il a pu tomber dans l'eſprit du pape Alexandre VI de donner au roi d'Eſpagne, par une bulle de l'an 1493, tout le continent & toutes les iſles de l'Amérique. Quand il auroit ſuppoſé que cette partie du monde fût inhabitée, qu'ainſi la priſe de poſſeſſion auroit paru légitime au premier occupant, encore eſt-il vrai que l'on ne peut donner ni ce qu'on ne connoît pas, ni ce qui ne nous appartient pas. Il paroît, au contraire, qu'il croyoit ce pays habité & cultivé, puiſqu'il ſpécifie dans ſa donation les villes & les châteaux, *civitates & caſtra, in perpetuum, tenore præſentium, donamus.* Depuis on a vu des juriſconſultes avancer que les peuples chaſſeurs de l'Amérique n'étoient pas véritablement poſſeſſeurs du terrein, parce que, ſuivant Grotius, on n'acquiert pas la propriété d'un pays en y chaſſant, en y faiſant du bois,

Maintenant qu'une partie de l'Amérique est cultivée, que chaque district à ses productions particulieres, dont l'avantage est reversible aux deux mondes, je le demande: à qui ces productions sont-elles utiles? Est-ce aux peuples indigenes? Non sans doute, puisqu'on ne peut point appeler de ce nom ceux qui y naissent d'un sang européen, & que de l'ancien peuple, il ne reste qu'un très-petit nombre: les uns vivent sous la dépendance européenne; les autres, attachés aux anciens usages de leurs peres, vivent retirés & isolés dans des bois, des montagnes & sur des terres où les Européens n'ont point encore osé les aller troubler. Leur méfiance pour tous les étrangers est même si grande que dès qu'ils en rencontrent quelques-uns, ils les traitent toujours comme ennemis. Ainsi la culture de l'Amérique

---

ou en y puisant de l'eau: ce n'est que la démarcation précise des limites & l'intention de cultiver, ou la culture déjà commencée qui fondent la possession. Ces jurisconsultes, Grotius &c. auroient dû réfléchir que les peuples chasseurs de l'Amérique avoient raison de soutenir qu'ils étoient possesseurs absolus du terrein, parce que dans leur maniere d'exister la chasse équivaut à la culture, & la construction de leurs cabannes est un titre contre lequel on ne pouvoit s'élever.

n'ayant point rendu ses premiers habitans plus heureux, il faut conclure que le bénéfice des défrichemens n'est utile & avantageux qu'à l'Europe & aux Européens transplantés sur cette terre: car on ne peut pas appeler indigenes ces derniers, quoiqu'ils y naissent, ni les negres qu'on y transporte d'Afrique, & qui sont sans propriété ni liberté: moins encore ces mulâtres, qui par leur naissance reçoivent un caractere d'opprobre & d'infamie, suite de l'union de deux individus sans mœurs & sans principes, union que le ciel a voulu dénoncer publiquement par cette teinte qui, en les distinguant, deshonore en même tems & les peres & les meres, & les fruits honteux de leur libertinage. Peut-être la philosophie permet-elle de tolérer l'union des Européens & des negresses. Tous deux également émanés de la même nature, & tous deux également doués d'une intelligence particuliere à leurs besoins & à leurs devoirs, sont des êtres également précieux aux yeux du créateur; mais la morale & les loix de la société rejettent l'idée seule d'un commerce illicite & contraire à la foi conjugale: funeste déréglement qui se transmettant des peres aux enfans, perpétue ainsi de génération en génération, le crime du premier séducteur, du premier époux infidele & du premier mauvais pere.

Nous venons de montrer les maux que cette découverte a causés à l'Amérique, le peu d'utilité qu'elle en a retiré : voyons maintenant les maux qu'elle a causés à l'Europe.

1o. „ Par cette découverte, la dépopulation fut considérable en Europe, & surtout en Espagne.

2o. „ Les Européens rapporterent d'Amérique la maladie honteuse qui fait de si grands ravages parmi eux.

3o. „ La quantité d'or & d'argent qu'on en a tirés a fait hausser le prix des choses de pure nécessité, sans que le salaire des ouvriers ait été augmenté à proportion."

Je vais m'arrêter sur chacun de ces objets afin d'établir avec plus de clarté mes preuves & mes conséquences.

Quoiqu'il se fut écoulé près de deux siecles, depuis que les trésors de l'Asie avoient séduit l'esprit des Européens & causé une dépopulation considérable, ce laps de tems n'avoit pas suffi pour en réparer la perte, lorsqu'un évenement qui frappa d'admiration toute l'Europe, vint augmenter d'une maniere plus sensible encore ſa dépopulation. L'Amérique découverte, tous les ſpéculateurs dirigerent leurs vues de ce côté. La plupart n'aſpirerent qu'aux moyens d'aller faire une prompte fortune: ce motif eſt ſi vrai, qu'il ſubſiſte encore dans toute ſa force: l'on peut dire que ſi l'Amérique n'eût offert aucune mine, aucune de ces productions ſéduiſantes pour les avides Européens, les Americains n'auroient jamais perdu leur liberté, pas même leur tranquilité. C'eſt ainſi que les liens du ſang & de la patrie furent rompus par ceux de l'ambition. Si ce pays n'eût préſenté qu'un ſol aride, des peuples ignorans & groſſiers, aucun objet enfin pour flater la cupidité, jamais, non jamais les Européens n'auroient cherché à en faire la conquête; nous aurions, il eſt vrai, moins de lumieres, & un commerce moins étendu, mais en ferions-nous plus à plaindre? Revenons à ce qui fait l'objet particulier de cette ſection.

A la perte que l'Europe fit par l'émigration de tant d'individus, ſi l'on ajoute les enfans qu'ils auroient pu produire en s'attachant par les loix de l'hymen à leur patrie, on ſentira encore plus combien la population dut en ſouffrir. Une partie des émigrans périſſoit dans la traversée, une autre succomboit à l'intempérie d'un climat étranger à sa constitution, & le plus grand nombre, entraîné par la douceur de la molesse & de l'oisiveté, contractoit un penchant si violent pour les plaisirs, que si la satiété plutôt que l'amour de la patrie les rappeloit en Europe, c'étoit pour y consumer le reste de leurs jours dans la dissipation, & sans autres soins, sans autres desirs que de réveiller par des jouissances nouvelles leurs sens émoussés par la débauche. Contens d'étaler un luxe révoltant, ils pensoient peu à des liaisons honnêtes, encore moins au plaisir de donner des citoyens à l'état ; ensorte que chaque émigrant pouvant d'après les loix moyennes de la nature, donner au monde quatre citoyens, il en résultoit un déficit de cinq personnes dans la population, ce qui présente un vuide immense, en calculant le nombre de milliers d'Européens qui sont allés se fixer en Amérique depuis sa découverte jusqu'à nos jours. Plusieurs historiens célebres s'étant appliqués à donner des détails sur la dépopulation de l'Europe auxquels on peut facilement recourir, nous nous croyons dispensés de les rapporter. A l'égard de l'Espagne d'où les émigrations ont été considérables, il est quelques auteurs, ſurtout eſpagnols, qui prétendent que ce n'eſt point à l'Amérique que l'on doit attribuer ſa grande dépopulation, mais aux vices de la conſtitution phyſique, ainſi qu'au défaut d'induſtrie nationale. Ces cauſes paroiſſent probables, mais nous leur demanderons s'il eſt à préſumer que la nation eſpagnole qui découvrit l'Amérique, & que la ſoif de l'or aiguillona ſurtout, ait eu un moindre nombre d'émigrans que les autres nations de l'Europe? Diſons hardiment que l'Eſpagne a plus perdu de ſes habitans qu'aucun autre royaume, proportion gardée, parce qu'elle a été longtems ſeule maitreſſe de ſes découvertes, & n'a eu de concurrens dans cette partie du monde qu'après y avoir cauſé & éprouvé tous les maux attachés à la guerre & à l'avidité des richeſſes.

Une des principales cauſes de la dépopulation de l'Europe à cette époque (2) eſt cette

(2) Nous diſons à cette époque, parce que les ravages terribles de cette maladie étant parvenus à leur comble, il s'enſuivit une habitude moins grande de fréquenter les lieux publics, & un motif de plus pour le mariage. Ce feroit donc une grande queſtion à diſcuter, ſavoir ſi cette maladie peut avoir

maladie honteuse que les Européens rapporterent du Nouveau-Monde, & qui, filtrant comme un poison subtil dans le sang, se communiqua avec d'autant plus de rapidité que l'irritation du mal dans les parties génératrices, provoquoit encore avec plus d'empire en eux la fureur du plaisir & accéléroit ainsi leur perte. Il semble qu'un Dieu vengeur ait réservé ce fléau à l'Europe pour la punir de ses crimes. Les deux mondes furent désolés par ce commerce honteux & illicite. Tandis que les Européens pompoient des Américaines ce suc de mort, les Américaines en reçevoient un autre des Européens, qu'elles transmirent ensuite à leur nation, & qui causa parmi elles

---

influé dans la suite sur la réforme des mœurs & cessé de nuire à la population. Il est certain que les femmes publiques n'ont plus autant de partisans qu'elles en avoient lorsque leur commerce n'offroit aucun péril. Le nombre des célibataires étoit alors extrême, tous les moralistes & les historiens en font des plaintes ameres. Actuellement un homme qui ne peut malheureusement dompter l'attrait du plaisir, & qui veut ménager sa santé, est obligé de s'engager dans le mariage ou du moins dans un mariage apparent, d'où il sort des rejetons, avantage que détruit la prostitution publique.

des ravages auſſi grands, que le mal vénérien: c'eſt la petite vérole. Quand de la découverte de l'Amérique, il ne feroit pas réſulté les cruautés inouies tour-à-tour exercées ſur les vainqueurs & les vaincus, les ravages ſeuls de ces deux maladies, étoient capables de détruire un nombre conſidérable d'habitans. Si le ſang des Américains n'eût pas été naturellement infecté par le germe meurtrier du mal vénérien, la petite vérole ne leur auroit pas été ſi funeſte: mais cette derniere maladie achevant de détruire en eux les ſucs nourriciers qui temperent l'effet du mal même, il en périt un grand nombre. On ſait que parmi les Européens la petite vérole n'a jamais de ſuites funeſtes pour ceux qui ont un ſang pur, mais qu'elle eſt affreuſe & mortelle dès que la conſtitution eſt vicieuſe, même dans les enfans.

Par ſon commerce avec le Nouveau Monde, l'Europe a acquis, il eſt vrai, une quantité immenſe d'or & d'argent. Cette acquiſition paroît au premier coup d'œil un avantage d'autant plus conſidérable que l'on dit en général, que plus on a d'argent, plus on a de reſſources & d'aiſance: mais les moyens, les reſſources & les richeſſes des particuliers ne pouvant ſervir de regle &

de comparaiſon pour les empires, dont la félicité ſeule fait l'objet de ce diſcours, nous allons examiner ſi cette acquiſition leur a été utile.

Depuis 1493 juſqu'en 1775, ce qui fait une période de 283 ans, la quantité d'or & d'argent que les mines du Pérou, du Mexique & du Breſil ont produites à l'Europe ſe monte à ſix (1) milliards quatre cents vingt-deux millions de piaſtres fortes, ou de 10½ réaux. Cette quantité d'argent ayant donné une grande extenſion au commerce en général, il en a dû néceſſairement réſulter une circulation qui a reflué dans toutes les parties du monde. Les différentes productions du commerce de l'Aſie ont ſurtout contribué à diminuer en Europe cette même quantité qu'elle avoit reçue de

---

(1) C'eſt au moins le ſentiment du docteur Don Sanche Moncade, après lequel M. Raynal & l'auteur du ſupplément de l'Encyclopédie d'Yverdun paroiſſent s'être réglés, qui éleve la ſomme à neuf milliards. Mais l'auteur des ſavantes recherches ſur le commerce tom. I. part. 2. chap. X. après avoir ſagement diſcuté cette matiere, trouve qu'on a fait monter beaucoup trop haut les ſommes apportées par fraude en Europe, & que c'eſt ſe rapprocher beaucoup plus de la vérité en la fixant à 6 milliards 422 millions; ſes raiſons m'ont paru trop concluantes pour ne pas les adopter.

l'Amérique; faisons en l'examen. Si de ces 6 milliards 422 millions apportés en Europe par les Espagnols & les Portugais on déduit 1375 millions pour tout l'or & l'argent envoyé d'Europe par les négocians & les compagnies commerçantes tant dans les Indes orientales, le Levant, l'Egypte & la côte de Barbarie, que dans l'Asie par les caravanes & les Russes, & qu'à cette exportation on ajoute 1500 millions pour l'or & l'argent travaillé & employé en meubles, ornemens, bijoux, étoffes &c, en ne l'évaluant qu'au quart ou environ, ce sera ensemble 2 milliards 875 millions de piastres qui réduiront la somme venue de l'Amérique à 3 milliards 547 millions de piastres ou 19 milliards 262 millions de livres de France (2). Cette somme prodigieuse étant venue augmenter celle qui étoit déjà en Europe avant la découverte de l'Amérique, il dut nécessairement y avoir une augmentation sensible dans le numéraire. Elle a été telle en effet, que depuis cette époque jusqu'à nos jours, on la suppute en Hollande en rai-

(2) Chaque piastre est comptée pour 500 as d'argent fin & la livre pour 92 as suivant la valeur intrinseque des monnoies actuelles d'argent dans les deux royaumes.

ſon de 1 à $3\frac{1}{4}$, enſorte qu'un particulier qui avant 1493 avoit un revenu de 4000 florins, auroit aujourd'hui en gardant la proportion de l'augmentation dans le numéraire des eſpeces une ſomme de 13000 florins. Mais le prix des choſes ayant augmenté dans la proportion de 1 à 12 (3), il en réſulte que ce même particulier ſe trouveroit réellement apauvri: car avec ſes 13000 florins il ne peut ſe procurer aujourd'hui ce qu'il étoit alors à même d'avoir avec ſes 4000 florins: ajoutons qu'il eſt d'autant plus apauvri que ſes beſoins augmentés par le luxe, rendent encore ſes revenus plus inſuffiſans.

Si les denrées de premiere néceſſité n'étoient augmentées qu'en proportion du numéraire, & que le déficit ne fût ſupporté que par les objets de luxe & de frivolité, le mal ſeroit moins grand en ce qu'il ne rejailliroit que ſur la claſſe de ceux qui ne ſouffrent pas. Mais,

---

(3) Il faut entendre par là que ce qui avant 1492 valoit 1 ſou vaut aujourd'hui 12 ſous, mais que comme 1 ſous d'alors valoit autant que $3\frac{7}{32}$ ſous d'à préſent, le prix des choſes n'a augmenté réellement depuis cette époque que dans la proportion de 1 à $3\frac{3}{4}$, ou pour parler plus juſte de 1 à $3\frac{75}{103}$.

hélas! la claſſe la plus indigente eſt celle qui en eſt la premiere victime, puiſque le ſalaire même des ouvriers peut fournir à peine à leur ſimple ſubſiſtance.

N'étant point à portée de prendre mes exemples en France, je vais offrir ceux que la Hollande me fournit; ils ſont puiſés dans les documens les plus authentiques, & ſuffiront pour démontrer ce que je viens de dire. Avant la découverte de l'Amérique, un garçon couvreur gagnoit 3 ſous (argent d'Hollande) par jour avec la nourriture, ou 4 ſous ſans nourriture; l'argent fin étoit alors à 8 florins le marc, & ces 4 ſous étoient en poids d'argent 4 eſterlins ou 128 as. Aujourd'hui que ce même ouvrier gagne 20 ſous par jour, l'argent fin eſt à $25\frac{3}{4}$ florins le marc, ce qui fait $6\frac{22}{103}$ eſterlins en poids d'argent. Il réſulte de ce calcul que l'ouvrier n'a réellement en poids que $\frac{57}{160}$ de plus de ce qu'il gagnoit autrefois; tandis qu'en numéraire il a réellement 4 fois plus; les conſéquences ſont faciles à tirer (4).

---

(4) Pour donner plus de clarté à cet expoſé, entrons dans quelques détails.

En gagnant 4 ſous par jour, le premier ouvrier (l'argent fin à 8 fl. le marc) gagnoit $\frac{4}{160} = \frac{1}{40}$ de marc ou 4 eſterlins. Le ſecond ouvrier en gagnant 20 ſous

On vient de voir que l'on payoit 1 ſou de plus par jour aux ouvriers qui préféroient de ſe nourrir eux-mêmes, c'eſt-à-dire 4 ſous, ce qui ſert à nous prouver que les ouvriers recevoient en proportion une plus forte paye qu'aujourd'hui, puiſque leur nourriture n'étoit évaluée que le quart de leur ſalaire journalier. Boxhorn, hiſtorien hollandois, vient à l'appui de cette obſervation dans le détail qu'il donne des dépenſes que pouvoit faire alors un journalier avec ſon ſalaire de 6 ſous. Pour 2 ſous (5), il

par jour (l'argent fin à $25\frac{3}{4}$ florins le marc) gagne $\frac{20}{515} = \frac{4}{103}$ de marc ou $6\frac{22}{103}$ eſterlins. Pour voir les rapports du poids d'argent qu'a chaque ouvrier, je réduirai leur poids reſpectif à même dénomination $\frac{1}{40} \cdot \frac{4}{103} = \frac{103}{4120} \cdot \frac{160}{4120}$; ainſi les rapports ſont de 103 à 160 ou, ce qui eſt la même choſe, l'un a $\frac{103}{4120}$ & l'autre $\frac{160}{4120}$ du marc d'argent fin pour leur journée. Le ſecond ouvrier a donc 160 contre l'autre 103 ou celui-ci $\frac{103}{160}$ de l'autre.

(5) Ces 2 ſous d'alors étant de nos jours environ $6\frac{1}{2}$ ſous, les 72 demi-ſacs à ce prix, feront 17 fl. d'or, qui, dans la proportion de l'augmentation des choſes, donnent 68 fl. d'or. On ſait que dans les années abondantes on peut acheter du froment de qualité inférieure à ce dernier prix, ce qui eſt encore une preuve de ce que je viens de dire que l'augmentation des choſes a été de 1 à $3\frac{1}{4}$, au lieu que le ſalaire ne l'a été que dans la proportion de 1 à $1\frac{1}{2}$.

il pouvoit acheter environ un demi ſac-de froment, & maintenant avec les 20 ſous qui ſont le prix ordinaire des journées, il peut ſe procurer à peine le tiers d'un ſac de ſeigle, qui, à 84 florins d'or le laſt de 36 ſacs, fait 65 ſous pour un ſac. Si la denrée la plus néceſſaire à l'homme differe auſſi prodigieuſement en prix de la valeur du ſalaire, combien à plus forte raiſon les autres denrées moins urgentes, mais abſolument néceſſaires, doivent-elles augmenter ſa détreſſe.

Ainſi la quantité d'or & d'argent venue de l'Amérique en Europe, loin d'avoir produit un bien à l'eſpece humaine, n'en a que plus accéléré la miſere, parce que nous n'avons pas eu aſſez de prudence & de ſageſſe pour prévoir toutes les viciſſitudes dont nous avons été accablés. Les eſpeces d'or & d'argent devant ſervir de ſignes dans les échanges, on auroit dû prévoir que lorſqu'on altéroit ou diminuoit les ſignes, il étoit abſolument néceſſaire que le prix des choſes variât en proportion, & que la progreſſion de la valeur de l'un répondît préciſément à la progreſſion du prix de l'autre.

Mais la cauſe qui fait altérer le ſigne, produit dans les ſociétés tant de changemens qui tous ont leurs rapports avec le prix des choſes, qu'il eût été bien difficile de parer aux inconvéniens qui en ſont réſultés. D'ailleurs, le prix des denrées n'ayant éprouvé dans l'origine que des changemens très-lents, ils ont été preſqu'imperceptibles, & n'ont frappé que par la ſucceſſion des tems. Les ſouverains en permettant dans leurs Etats, l'altération dans les eſpeces, n'ont augmenté leur avoir que pour le moment ſeul de l'opération; & bientôt retombés dans leur ancienne indigence, ils n'ont pu remonter aux ſources du mal, parce qu'il avoit déjà jeté de trop profondes racines. Ajoutons que moins un empire altere ſa monnoie, plus il eſt riche & plus ſon crédit eſt ſolide.

Pour nous tirer du cahos affreux des maux cauſés par la découverte de l'Amérique, nous avons été obligés de partager ce ſujet, malheureuſement trop abondant, en pluſieurs branches différentes; mais hélas! la ſomme des biens eſt ſi petite que nous n'avons à les préſenter que ſous un ſeul point de vue. Heureux, ſi ces biens ſont ſuffiſans pour adoucir par leur utilité les tableaux affligeans que nous venons de tracer!

SECONDE PARTIE.

Quels biens la découverte du Nouveau-Monde peut-elle avoir procurés?

„ Tous ces biens conſiſtent dans l'acquiſition des productions principales de l'Amérique, tels que le caſtor, l'indigo, les bois de teinture, la cochenille, le coton, le cacao, le ſucre, les plantes médicinales, l'or, l'argent, les perles & les pierres précieuſes, articles qui ont donné la plus grande extenſion au commerce. Nous devons ſurtout à l'Amérique nos progrès dans la géographie, la conſtruction des vaiſſeaux, la navigation, l'aſtronomie & l'hiſtoire naturelle."

La plupart des productions de l'Amérique ſont à la vérité des objets qui nous ſeroient inutiles ſans le luxe : car ils ſont ou indifférens ou inutiles aux beſoins de l'humanité, mais puiſque le bonheur des hommes tient ſi ſouvent aux choſes de pur agrément, nous ſommes forcés de conſidérer certaines productions comme faiſant partie de la félicité de l'homme, tant il eſt vrai que l'empire de l'habitude peut devenir un beſoin de premiere néceſſité.

Le caſtor eſt de tous les animaux de l'Amérique celui qui a le plus exercé l'eſprit du philoſophe, il eſt auſſi celui qui approche le plus de l'homme par ſon intelligence & par ſon induſtrie. Doué d'une patience & d'un principe d'ordre peu commun, ſes travaux font notre admiration. Comme nous il a un penchant pour la ſociété, & paroît avoir fait à cet égard plus de progrés que le ſauvage avec qui il vit. Pourquoi faut-il que les folies du luxe aient porté l'homme à briſer les édifices admirables qu'il conſtruiſoit pour ſa ſureté, & qu'il ait porté le fer & le feu chez cet animal induſtrieux? Pourquoi faut-il que dans la nature une eſpece ne puiſſe ſubſiſter qu'au détriment de l'autre? Le Caſtor avoit fait des progrès dans les arts, dignes de notre admiration, mais la cupidité a fait taire ce ſentiment, & la beauté de la peau de cet animal a cauſé tous ſes maux. Nos fabriques enrichies de cette précieuſe dépouille, paroiſſent lui devoir le degré de fineſſe & de perfection qu'elles ont aujourd'hui. Le Caſtor eſt utile aux vieillards par ſa chaleur naturelle, agréable aux riches par ſa ſoupleſſe & ſa beauté, ſalutaire aux infirmes par les propriétés qu'on lui attribue, ce qui fait qu'il eſt extrêmement recherché. Mais le commerce, qui atténue tout en voulant tout étendre, a employé le Caſtor en tant d'objets différens, qu'il eſt méconnoiſſable par la quantité de mélanges qu'on lui a aſſimilés. La connoiſſance du Caſtor a perfectionné nos fabriques de draps & de chapeaux par les ſoins que nous avons pris d'imiter ſa couleur naturelle, juſqu'au point même de tromper les yeux ; le tact ſeul nous eſt reſté pour diſſiper l'erreur. Ainſi tout ce qui peut contribuer à perfectionner notre induſtrie eſt un bien, & c'eſt ſous ce ſeul point de vue qu'il faut conſidérer celui que le Caſtor peut avoir procuré à l'Europe.

Avant Chriſtophe Colomb, l'Europe tiroit ſon indigo de l'Indoſtan, mais depuis l'époque de ſes voyages, la bonne qualité de celui du Nouveau-Monde lui fait donner la préférence. Comme les bois de teinture, il eſt un objet eſſentiel au commerce. On a trouvé par la décompoſition de cette plante & de ces bois, un moyen admirable & facile de colorer & d'embellir nos marchandiſes.

La Cochenille, cet inſecte deſſéché qui nous eſt apporté du Mexique, s'emploie avec ſuccès dans la teinture en écarlate, au cramoiſi, & ſert à faire le carmin. Cette fécule d'un rouge tendre ſi amie de l'œil, ſi précieuſe en peinture, ſi propre à nuancer, rehauſſer par une heureuſe illuſion les foibles couleurs de la pommette des joues de quelques dames, ajoute une nouveau prix à cette production: c'eſt à la toilette qu'on admire cet art: c'eſt là que le pinceau armé du carmin, devient rival de la nature. On a calculé qu'il entroit en Europe chaque année huit-cents quatre-vingts milles livres peſant de cochenille, dont on évaluoit le commerce à plus de quinze millions tournois année commune. A meſure qu'on a ſu varier les couleurs & les nuances, que nos modes & nos goûts leur ont donné un plus grand mérite & un plus grand prix, la conſommation en a été plus grande. C'eſt à cette facilité de varier & de nuancer les couleurs que la France eſt redevable de ces ouvrages magnifiques & immortels, dont l'art eſt porté à un tel degré de perfection, que même il ſéduit l'homme prévenu. Sans le ſecours des bois de teinture, les tapiſſeries des Gobelins, malgré l'habileté des ouvriers, ne feroient point, comme elles font, l'admiration de l'Europe entiere. Au reſte, ces propriétés ſont trop connues pour qu'il ſoit néceſſaire de m'étendre davantage ſur ce ſujet. Paſſons à l'article du coton.

Plus doux & plus poreux que le fil de chanvre, le fil de coton eſt plus ſuſceptible de s'impregner des couleurs & de prendre les nuances dont on veut le revêtir : ſans cela, comment ſerions-nous parvenus à imiter les toiles des Indes ? Il eſt vrai que l'art du teinturier y contribue pour beaucoup, parce que c'eſt la ſolidité & ſurtout l'éclat des couleurs qui font qu'on y attache plus de prix. Mais cet art eût été ſans ſuccès, ſi le fonds de l'étoffe n'y eût eſſentiellement contribué. Le coton, de quelque maniere & pour quelque uſage qu'on le fabrique, conſerve longtems ſa blancheur & ſa ſoupleſſe, deux cauſes qui contribuent à le rendre un objet conſidérable de commerce. Il eſt d'autant plus précieux à l'induſtrie, que le beſoin qu'on en a, entretient continuellement la plus grande émulation dans les villes qui ſe ſont comme excluſivement approprié cette branche de commerce.

Le cacao, nouvelle production pour nous, eſt d'un uſage ſi commun qu'il ſeroit ſuperflu d'entrer à cet égard dans quelques détails.

L'habitude où l'on eſt aujourd'hui du chocolat dans toute l'Europe a rendu ce fruit très-recherché.

La quantité de ſucre que produit l'Amérique ſuffit pour approviſionner toute l'Europe. Cette grande abondance en a conſidérablement diminué le prix, & fait entierement tomber celui que nous recevions auparavant des grandes Indes. Cette denrée, qui reçoit chaque jour de nouveaux accroiſſemens par l'uſage immodéré qu'en fait le luxe, forme aujourd'hui une branche conſidérable de commerce en Europe.

Parmi les plantes médicinales de l'Amérique il en eſt peu, ſi j'oſe m'en rapporter à l'avis d'un médecin connu par ſes talens & ſa philantropie, qui ne puiſſent être remplacées par celles de l'Europe, ſi l'on en excepte le kinkina, la racine de jalap, & le bois de quaſſi, dont la médecine ſe ſert dans des cas particuliers, avec des ſuccès connus. La premiere de ces productions eſt d'un ſecours ſi grand dans la médecine, qu'elle peut balancer à cet égard, les avantages que procurent le mercure, l'opium, la rhubarbe & l'ipécacuana, dont l'Europe étoit auparavant en poſſeſſion.

Le commerce doit à la découverte de l'Amérique, une étendue, une énergie qu'il n'auroit jamais eu autrement, & le commerce devenu par le relâchement des mœurs le nerf & la richeſſe d'un Etat, en maintient la proſpérité s'il ne ſurpaſſe pas les moyens qui doivent le ſoutenir: il en eſt donc réſulté que la nation qui a le plus de moyens pour augmenter ſes rapports avec le Nouveau-Monde, a dû devenir auſſi la plus puiſſante: j'en excepte l'Eſpagne & le Portugal, parce que ces deux royaumes n'ayant qu'un ſol pauvre & peu cultivé, peu ou point de manufactures & de productions territoriales, ils n'ont pu ſoutenir longtems la concurrence des nations induſtrieuſes: c'eſt en vain qu'on y voyoit refluer le produit des mines du Nouveau-Monde. Cette poſſeſſion a ſeule détruit l'émulation, & augmenté le nombre de bras inutiles; auſſi ſont-ce ces deux royaumes qui ont le plus ſouffert par la quantité d'or & d'argent qu'ils ont reçus. Je n'entends par commerce que l'exportation des productions & marchandiſes de l'Europe échangées contre celles de l'Amérique, dont le luxe rendoit la poſſeſſion néceſſaire (6).

(6) On m'objectera comment une choſe inutile & même pernicieuſe peut rendre l'acquiſition d'une autre choſe néceſſaire. A cela je répondrai que l'émulation dans les arts rend le luxe utile.

Un pareil échange produit ſans doute une circulation plus abondante, une aiſance plus générale, en même tems qu'il occaſionne, ſoit par les émigrations, ſoit par un plus grand beſoin d'induſtrie, une diminution ſenſible & conſidérable dans la claſſe des gens déſœuvrés, qui ne ſert jamais qu'à appauvrir & déshonorer un Etat. Un autre bien que la découverte d'un Nouveau-Monde a procuré au commerce, c'eſt d'avoir donné une nouvelle vie à tous les genres d'induſtrie de l'Europe. A meſure que ce commerce réciproque s'eſt étendu; que les voyages ont été plus fréquens; le nombre des vaiſſeaux plus grand, il a fallu pourvoir à un plus grand nombre de denrées & d'objets, pour approviſioner & armer les navires. Les terres ont été mieux cultivées; beaucoup ont été défrichées, & le cultivateur aſſuré d'une conſommation plus grande, a redoublé de ſoins pour augmenter ſon bien-être.

Le commerce entretient une activité néceſſaire à l'homme, augmente ſes connoiſſances, guérit ſes préjugés, le rend plus communicatif & plus humain. Le commerce nous procure la plupart de nos agrémens, augmente notre population, fait naître les ſciences & les arts, & devient la ſource de l'abondance & de la proſpérité des Etats bien gouvernés.

L'or, l'argent, les perles & les pierres précieuſes ſont autant d'objets utiles au commerce. Ces riches productions, que le luxe, la fantaiſie ont fait monter à un prix exhorbitant, nous ont mis plus à même de nous procurer les productions & manufactures des Indes, que nous ne pouvions avoir avant d'être en poſſeſſion de ces riches métaux. Ces productions & marchandiſes des Indes importées en Europe, occaſionnent une circulation d'autant plus grande, qu'elles procurent au-delà du double de la valeur premiere, excedant qui n'apauvrit ni la nation, ni le commerce, puisque le bénéfice reſte dans l'Europe, & ſert à ſe procurer de nouveau & avec plus d'aiſance les moyens d'augmenter les importations en ce genre. Si nous n'euſſions eu dans le commerce, ni perles, ni pierres précieuſes, & moins d'or & d'argent pour employer les uns & les autres à flater le goût, fournir à la magnificence des ſouverains & des cours, la poſſeſſion de ces métaux ne feroit dans les mains du négociant ou des compagnies qui les procurent à l'Europe, qu'un ſurnuméraire indifférent au commerce & à l'art. Mais avec le ſecours d'un artiſte intelligent, ces matieres brutes ſe métamorphoſent, & prennent un éclat, un brillant qui en augmentent prodigieuſement la valeur premiere. C'eſt de ce changement opéré par l'art, & de cette augmentation cauſée par le faſte, que réſulte une activité immenſe dans le commerce, & une circulation d'eſpeces qui répand l'aiſance parmi ceux qui en font leur principal objet. C'eſt encore un moyen pour conſerver & repréſenter, en un très-petit volume, un capital conſidérable.

Le commerce de l'Europe s'eſt encore enrichi d'un trés-grand nombre d'articles dont il étoit privé avant la découverte du nouveau monde. La nature, toujours ſage dans ſes diſtributions, a donné à chaque région des propriétés qui lui ſont particulieres. Les forêts de l'Amérique produiſent en abondance pour la conſtruction des vaiſſeaux, des bois que ceux de l'Europe ne peuvent ſurpaſſer ni même égaler; de ce nombre ſont l'Acajou, le bois de fer & ſurtout l'Acomat qui caché en terre ou expoſé à l'air, ſe conſerve longtems, ſans ſouffrir des vers, ni de l'humidité: tel eſt encore le Mapou dont le tronc de 4 à 5 pieds de diametre ſur une fleche de 40 à 50 ſert à former des canots d'une ſeule piece. Ces forêts de bois de conſtruction ſont d'autant plus précieuſes pour l'Europe, que ſans leur ſecours, notre marine éprouveroit une diſete & un dépériſement ſenſible. Qu'on ſuppoſe en effet, qu'il n'y ait dans cette partie du monde aucun bois propre à la conſtruction des vaiſſeaux, il s'enſuivroit une perte ſi conſidérable pour l'Europe, que faute de pouvoir réparer les navires délabrés par les tempêtes, ou uſés par vétuſté, les voyageurs éprouveroient une perte de tems irréparable, s'ils étoient obligés d'attendre ces ſecours de l'Europe.

Les produits de la chaſſe & de la pêche en Amérique, ſont de plus, des ſecours très-eſſentiels à l'Europe; la premiere, en augmentant nos fourrures procure encore à nos artiſtes pluſieurs objets également de commerce & de curioſité. Les produits de la ſeconde, par la diverſité des poiſſons qui peuplent les mers, offrent une carriere immenſe à l'induſtrie; les uns nous fourniſſent leurs huiles & leur graiſſes, en même tems que la chair marinée ou ſéchée des autres devient une proviſion précieuſe pour les gens de mer. Sans ce puiſſant ſecours ils ſeroient ſouvent expoſés à périr dans les horreurs de la famine au milieu d'un voyage, dont le but auroit été de rapporter dans leur patrie des lumieres & des connoiſſances utiles. Ces ſecours m'ont paru trop eſſentiels pour les paſſer ſous ſilence, quoiqu'en général on ne les conſidere pas comme tels.

L'activité & l'émulation dont les ſciences ont beſoin, les ſecours de toute eſpece que les hommes retirent de la perfection des ſciences, ne pouvoient qu'augmenter par la découverte de l'Amérique. Les hommes auroient honte ſans doute de ne pas connoître le globe qu'ils habitent; or, qu'étoit la géographie à l'époque de 1492?

La ſcience de la navigation, qui réunit les hommes de tous les pays, n'a commencé à ſe perfectionner que depuis la découverte de l'Amérique. Le beſoin d'entreprendre des voyages plus longs, & de diminuer les dangers de la mer, néceſſita un examen plus réfléchi de la conſtruction des vaiſſeaux; la ſphere du génie s'aggrandit, & la réforme fut générale dans les chantiers; les vaiſſeaux moins lourds & plus ſolides, marcherent avec plus de rapidité. Ces progrès s'étendent juſqu'à l'agrément, & dès lors il y eut un luxe particulier pour les navigateurs, qui, à quelques commodités près, ont ſur l'océan celles dont ils ont coutume de jouir dans leur patrie. Mâts, voiles, cordages, tout fut calculé & ſoumis aux proportions; & des regles certaines, invariables devinrent la baſe & le principe de toutes les opérations de l'architecture navale. La manœuvre des vaiſſeaux ne fut point oubliée, on connut la maniere de les diriger avec ſureté, promptitude & facilité. La tactique fut employée avec art pour attaquer & défendre; tout devint pour les marins l'objet d'une théorie lumineuſe & d'une pratique ſavante. La ſcience des longitudes en mer, par le moyen de la lune & des machines d'horlogerie, a produit l'amélioration des cartes marines, la connoiſſance des vents, des courans, des bancs de ſable, des giſſemens des côtes. Enfin, c'eſt du nombre & du réſultat des obſervations qu'on a faites ſur mer, que l'on eſt parvenu à voyager ſur cet élément preſqu'auſſi facilement que ſur la terre (7).

---

(7) Si le génie parvient à perfectionner l'admirable invention de MM. de Montgolfier, à diriger dans l'air les Aéroſtats, comme les vaiſſeaux ſur mer, peut-être verra-t-on des ſavans propoſer à leurs contemporains la ſolution du même problême qui fait l'objet de ces recherches.

Si Colomb dut à l'aſtronomie les certitudes qu'il avoit de découvrir un nouveau continent, ou d'arriver aux Indes par cette même route, l'aſtronomie doit à cette découverte une partie de ſes progrès. Dès 1671. M. Richer alla à Cayenne pour y connoître les réfractions, l'obliquité de l'écliptique; en même tems il y fit des remarques fort intéreſſantes ſur la longueur du pendule à ſecondes, & dès lors l'on commença à ſoupçonner l'aplatiſſement de la terre. Des académiciens célebres furent envoyés en 1735 ſous l'équateur pour meſurer les degrés du méridien, & déterminer la figure de la terre. Au moyen de ces obſervations, on eut une connoiſſance plus exacte des mouvemens céleſtes.

Les paſſages de Vénus ſur le ſoleil obſervés en Amérique en 1761 & 1769 nous ont appris la véritable diſtance du ſoleil & de toutes les planetes à la terre, par conſéquent leurs grandeurs, leurs forces attractives, & toutes les circonſtances du ſyſtême du monde. Il ne faut que parcourir l'aſtronomie de M. de la Lande, pour voir combien les obſervations faites en Amérique on ſervi aux progrès de cette ſcience.

C'eſt en Amérique où l'on a obſervé la loi des

des dilatations de l'atmosphere, par le moyen des hautes montagnes du Pérou. M. Bouguer y trouva une méthode simple & commode pour mesurer les hauteurs par le secours du barometre. C'est dans le même pays qu'il observa la force attractive des montagnes par la déviation latérale du fil à plomb, ce qui constata d'une maniere visible la loi générale de l'attraction. Les observations du flux & du reflux de la mer qu'on y a faites, ont montré l'universalité & les circonstances de ce phénomene important dans la physique & le systême du monde.

La Botanique a pris une face nouvelle & s'est enrichie surtout par les observations faites sur les plantes de l'Amérique par Cornuti, Barelier, Plumier, Catesby, Gronovius, Jussieu, Commerson &c. On ne pouvoit se flater jusque-là de connoître l'étendue de la nature & de ses productions, tant dans le regne végétal que dans le regne animal. Il est inutile même de remarquer combien l'histoire seule des quadrupedes, donnée d'une maniere si complette par M. de Buffon, avec les additions aussi curieuses qu'intéressantes de M. Allamand, professeur de Leyde, renferme d'especes singulieres originaires de l'Amérique.

TROISIEME PARTIE.

Quels ſont les réſultats à tirer d'une juſte comparaiſon de ces maux & de ces biens ?

Après les expoſés que je viens de préſenter des maux & des biens que la découverte de l'Amérique a occaſionnés aux deux hémiſpheres : il me reſte à plaider la cauſe de l'humanité & celle des arts & des ſciences. Au premier coup d'œil, on voit avec douleur que les hommes ne ſont redevables d'un plus grand nombre de lumieres qu'à des cauſes qui font rougir l'humanité. Pour être plus inſtruit, l'homme eſt-il donc plus heureux & meilleur ? Cet examen ſeul doit décider la queſtion, ou faciliter au moins les moyens de la réſoudre.

Si les arts & les ſciences ne peuvent ſe perfectionner, s'agrandir, qu'en augmentant la ſomme des maux, il vaudroit mieux ſans doute pour les hommes qu'ils fuſſent plutôt heureux que ſavans ; l'acquiſition la plus précieuſe peut-elle compenſer une ſeule goute de ſang ? Qu'importe à l'univers que

Rome ait un tableau de plus parmi ſes chef-d'œuvres, ſi elle n'en doit la poſſeſſion qu'à un forfait! Excuſerions-nous ce peintre inhumain & perfide, qui, dit-on, pour rendre avec plus de vérité les pâleurs de la mort, tandis qu'il poignardoit d'une main ſon ſemblable, traçoit de l'autre avec un enthouſiaſme barbare l'expreſſion de la douleur & du trépas! Telle eſt la vanité des hommes que, pour acquérir de la célébrité, ils mépriſent tout ce qui tient à la pudeur, à la vertu.

J'oſe le dire: la découverte de l'Amérique eſt un mal; jamais les biens qu'elle peut avoir fait naître (ſous quelque point de vue qu'on veuille les enviſager & les peindre) ne pourront compenſer la ſomme du mal qu'elle a cauſé (8).

---

(8) Un tel aveu ſans doute eſt pénible pour une ame compatiſſante qui ne peut être accuſée de prévention. S'il eſt douloureux pour l'humanité que les paſſions des hommes empoiſonnent continuellement les biens dont elle pourroit jouir, il n'eſt pas moins honteux pour l'eſpece humaine que les hommes qui méritent le plus de jouir de leurs travaux & de leur gloire, deviennent par ces mêmes cauſes victimes de l'audace & de la jalouſie, & périſſent dans l'infortune & l'aban-

L'Amérique aura longtems encore à souffrir des suites du despotisme affreux que les Européens y ont exercé. Le peu de soins que l'on prend de travailler à sa population, aux progrès de sa culture, & surtout à ceux de sa civilisation, ne permet pas d'espérer que jamais les Européens aient le bonheur & la gloire de triompher des obstacles & ramener dans l'es-

---

don. Les faits que je viens de présenter ne sont point d'imagination, l'histoire les constate. Qui les révoquera en doute? Qui oseroit les justifier? Les fastes du monde ne parlent d'aucun siecle plus célebre que celui de Colomb, & plus funeste en même tems par la soif immodérée des richesses. Que les noms de Colomb & de Gama sont grands dans l'histoire! Ils rappellent les deux plus belles entreprises dont l'esprit humain puisse se glorifier. Tandis que le premier conduisoit les Espagnols au-delà de l'océan occidental, jusqu'à cet hemisphere inconnu qu'il leur avoit annoncé; le second alloit avec les Portugais chercher de nouvelles terres au-delà des mers de l'Inde & de l'Afrique. Tous les deux enrichirent leurs souverains; tous les deux en furent payés d'ingratitude.

Jamais les élans du génie n'ont opéré une révolution aussi étonnante dans les destinées de l'univers & pour les générations futures, qu'à cette époque à jamais mémorable. Rien ne prouve mieux que la richesse & la célébrité supposent le bonheur, & ne le donnent pas.

prit des ſauvages diſperſés dans l'intérieur des terres, cette confiance naturelle qui fait la baſe de leur caractere primitif. Ce ne ſera point eux qui rendront floriſſans les pays qu'ils ont dévaſtés. Dans l'ombre du ſilence, les deſtins préparoient une révolution qui devoit étonner l'un & l'autre hémiſphere. Un peuple enchaîné dans les entraves d'un monopole tyrannique la devoit annoncer au nom précieux de la liberté. Ce ſeront les colonies indépendantes qui auront la gloire de civiliſer le reſte de l'Amérique. Leur puiſſance s'accroîtra par degrés; (9) d'autres colonies ſuivront cet exemple, & l'on verra dans cette partie du monde autant d'états différens & civiliſés que dans l'Europe.

Le ſouvenir des maux des Européens ſervira probablement un jour d'exemple à de nouveaux navigateurs & de nouveaux conquérans dans leurs découvertes & leurs conquêtes. Ils auront appris de nous que ces peuples inconnus ou ſoumis ſont d'autant plus dignes de

(9) Diſons même, avec rapidité: partout où la culture des terres eſt une loi fondamentale, il s'enſuit toujours une grande population, ſource féconde & permanente de force & de proſpérité.

leurs ménagemens que ces découvertes & ces conquêtes portent toujours atteinte à leur félicité, quelque médiocre ou bizarre qu'elle puisse paroître.

Suivant le caractere & l'éducation des Américains, avant que leur pays nous fût connu, ils jouissoient surement comme nous d'un bonheur qui leur étoit propre & qui nous étoit étranger, car la nature étant universellement la mere & l'institutrice du genre-humain, autant il y a de conditions différentes parmi les hommes, autant il y a de manieres de jouir, & d'être heureux. Chaque pays, chaque peuple, chaque individu sur la surface du globe a ses biens & ses maux qui lui sont particuliers & analogues à son existence. Ce qui constitue la félicité de l'un fait souvent le tourment de l'autre. Le philosophe est heureux dans la solitude, l'homme du monde, au contraire, est malheureux s'il est seul. Il suit de ces vérités, que les Européens, en voulant rendre les Indiens heureux à leur maniere, n'ont fait que leur malheur. Si dans l'état où sont les choses, les premiers pouvoient réparer les maux qu'ils ont soufferts & fait souffrir aux seconds, ce seroit au moins un adoucissement pour les uns & les autres. Ils pourroient, au moyen d'une réconciliation sincere se féliciter, des connoissances qu'ils n'auroient jamais acquiſes ſans la découverte de l'Amérique, & ſe conſoler de les avoir ſi chérement achetés, par l'eſpérance de les voir ſervir à la félicité commune. Mais, loin de pouvoir remédier à ces maux, à peine les Européens ſont-ils capables d'en diminuer les triſtes effets: à peine les biens même qu'ils ont acquis, ſont-ils ſuffiſans pour balancer la ſomme de ceux après leſquels leur inquiétude & leur ambition les fait ſoupirer ſans ceſſe. Telles ſont les funeſtes ſuites de la poſſeſſion; plus les deſirs ont été grands, moins l'on jouit de ce qu'on poſſede.

Selon l'opinion généralement reçue, il regne dans la nature un équilibre parfait entre les biens & les maux, & ſi cet équilibre ne paroît pas tel à quelques individus, c'eſt que ces biens & ces maux ſont indifféremment répandus ſur la terre, & qu'accoutumés à ſe faire un bonheur idéal, les hommes ſe croient toujours plus malheureux qu'ils ne ſont. Ils ſe familiariſent ſi bien avec ce qu'ils poſſedent, que la ſatiété ſuit de bien près la jouiſſance. Telle eſt la cauſe de la plupart des maux dont l'homme eſt continuellement tourmenté. Dès que nous reconnoiſſons ces vérités pour exactes, il eſt facile de ſe peindre combien les

Indiens, réduits par la force, ont dû souffrir de nos vexations: nous avons tellement augmenté leur maux que nous les avons contraints, par la privation, de regarder comme un bien ce dont ils n'apperçevoient pas la jouissance. Ils n'ont appris à aimer leur patrie, à chérir leur liberté, que lorsqu'ils ont été privés de l'une & de l'autre. Enfin, hommes & animaux, les Européens ont mis tout à contribution.

Dans l'énumération des biens que cette région nous a procurés, si l'on en excepte les secours que la géographie, la navigation & l'astronomie en ont reçus, je n'en trouve aucun dont l'Europe n'eût pu se passer: on sera d'abord étonné de ce que j'avance, mais il s'agit d'en faire l'examen.

L'Europe est-elle plus heureuse avec les productions que l'Amérique lui a fournies & ne pouvoit-elle pas aisément s'en passer? De ce que plus le commerce est étendu, plus grande est la circulation, il ne s'ensuit pas qu'on augmente les ressources d'un Etat en proportion de cette extension. C'est par sa trop grande extension que nous perdons le fruit de ses premiers avantages. Quand le commerce est parvenu à son dernier période, il commence à nous rendre esclaves des superfluités (10), de l'opulence, de l'avarice; & les hommes écrasés sous le poids du luxe, amollis par la délicatesse & les rafinemens de tout genre, perdent le goût des bonnes mœurs; bientôt corrompus & corrupteurs, ils méprisent la vertu & renversent ainsi les fondemens

(10) Heureux, dit on, le laboureur, s'il savoit jouir! Plus heureux, dirai-je, le commerçant s'il savoit ce que vaut la médiocrité! au lieu de devenir l'esclave de l'ambition, de consumer ses jours à grossir un trésor que des ingrats & des fainéans dissiperont bientôt, il se borneroit au plaisir de travailler pour vivre, au lieu de vivre pour amasser. O précieuse médiocrité, dans toi seule est le vrai bonheur! Bornée d'abord au nécessaire honnête, si tu desires plus d'aisance, c'est pour en répandre le superflu sur les malheureux, & non pour les accabler comme la dédaigneuse opulence. L'homme de bien qui chérit la médiocrité, sait que si l'industrie augmente les richesses, elle augmente aussi l'amour de l'argent: cette passion favorite de l'imagination qui nuit tant au sentiment, est peut-être de toutes, la plus dangereuse & la plus incurable. C'est dans les grandes villes de commerce qu'il faut observer les vicissitudes de l'ambition; c'est-là où les jalousies, les haines excercent toutes leurs fureurs, c'est là que le riche croit avoir droit d'insulter par son faste à la médiocrité de son voisin, & qu'oubliant ce qu'il peut devenir par les revers, il se targue d'un bonheur momentanné; c'est là où l'on peut aisément suivre la naissance, les progrès & les suites du luxe & de la corruption des mœurs.

des vrais principes. Sans ces rafinemens, qu'avoient besoin nos fabriques de la riche dépouille du Castor ou de tel autre animal: en sommes-nous mieux couverts, & la toison de nos brebis, le poil de nos animaux d'Europe n'auroient-ils pas suffi ?

Nos artistes par leur habileté & le mélange de nos couleurs, n'auroient-ils pas pu supléer la cochenille & l'indigo? Et que sert à l'humanité que nos peintres & nos teinturiers aient une ou deux couleurs de plus, un plus beau rouge ou un plus beau bleu que ceux dont ils étoient auparavant en possession ? — Nos dames en seroient-elles moins aimables, notre amour moins tendre, nos passions moins vives pour elles si elles n'avoient point de fard? Peut-être que privées de ce secours imposteur, elles seroient plus en garde contre les effets pernicieux des veilles & des mêts recherchés qui portent si promptement atteinte à leurs charmes, & font naître les rides dans l'âge où les roses ne devroient que commencer à s'épanouir. Charmantes villageoises, j'en appelle à la fraîcheur de votre teint ! Il est pour nous une preuve parlante que rien n'est plus beau que la simple nature. — Sera-ce le coton qui paroîtra une riche acquiſition ? Qui ſait ſi ſa découverte & ſon uſage n'ont pas fait négliger les expériences qu'on auroit pu faire ſur le chanvre & le lin à qui certainement le coton a fait tort. Sans lui, peut-être, on auroit déjà trouvé, comme on le trouvera peut-être un jour, le moyen de préparer le fil d'une maniere à lui donner autant de chaleur, de ſoupleſſe & de blancheur; trois propriétés qui ſeules ont fait la réputation du coton.

A l'égard des bois de teinture, on ne peut diſconvenir combien ils nous ſont utiles; mais on ne peut en regarder la poſſeſſion comme néceſſaire à l'homme, dès-lors qu'ils ne ſervent qu'à des objets abſolument ſuperflus. — La conſéquence que nous avons tirée ſur l'uſage du cacao, ſuffit pour montrer qu'il nous eſt inutile. — C'eſt encore à notre exceſſive ſenſualité que le ſucre doit ſa plus grande conſommation. Nos peres en ignoroient l'uſage & s'en paſſoient ſans effort: le travail de nos laborieuſes abeilles leur ſuffiſoit & vraiſemblament nous préférerions le miel au ſucre, ſi nous étions aſſez ſages pour ne pas multiplier nos beſoins par de nouveaux deſirs, & réſiſter au penchant pernicieux de boire des liqueurs.

Ajoutons que la culture du ſucre (11) a nui prodigieuſement au produit des terres en faiſant tomber celui des ruches à miel. Cette denrée & le café, dont les récoltes Américaines ont beaucoup augmenté la conſommation, ont fait un tort infini aux boiſſons nationales & par conſéquent à l'induſtrie, ſans compter le tort fait à la ſanté.

Quant aux plantes médicinales, ne ſeroit-il donc pas poſſible que des médecins habiles & laborieux ſe paſſaſſent de celles qui nous viennent de l'Amérique? Nos corps ne ſont-ils pas conformés actuellement comme ils l'étoient il y a trois ſiecles: au défaut de remedes, nos anciens & célebres médecins ſe ſont-ils plaints qu'ils manquoient de ſecours pour ſoulager les hommes; bien loin de remarquer qu'il périſſoit plus de perſonnes alors, on peut obſerver que l'homme étoit d'un tempérament plus robuſte & vivoit plus longtems. Etoit-ce donc parce qu'on avoit moins de remedes & moins de luxe dans l'art de la médecine? On me répondra que ſi les hommes ſont moins robuſtes & leur vie moins longue,

(11) Je paſſe ſous ſilence la culture du tabac.

il ne faut en accuſer que le déréglement de leurs mœurs, je l'accorde : mais quelle eſt la plante ſalutaire de l'Amérique qui a rétabli leur débilité ou prolongé leurs jours ; qu'on la nomme ?

Quant au quinquina, on pourroit demander ſi la providence a mis la fievre en nos climats, & le remede en Afrique ?

S'il étoit vrai que le bonheur des humains conſiſte dans les richeſſes, l'extraction ſeule des métaux & des pierres précieuſes, ſuffiroit pour nous faire regarder la découverte de l'Amérique comme le plus grand des biens : mais, hélas ! c'eſt du ſein de l'abondance & du luxe que ſont ſortis la plupart des maux qui déſolent la ſociété. On penſeroit que les mines de l'Amérique, en enrichiſſant l'Europe, y auroient répandu plus d'aiſance, plus de proſpérité ; loin de là, nous en avons démontré tous les funeſtes effets, ſurtout pour la claſſe la plus pauvre & la plus laborieuſe.

Pour ce qui eſt de la géographie, la navigation & l'aſtronomie, nous ne pouvons diſconvenir que ce ſont des biens ſi utiles au dévelopement de l'eſprit humain, qu'ils ſeroient ſeuls capables de balancer la ſomme des maux cauſés par la découverte de l'Amérique, ſi l'on pouvoit se familiariser avec l'idée qu'il vaut mieux que les hommes soient savans qu'heureux. Mais, qui oseroit le dire ? Quel est l'homme réfléchi qui ne voit pas combien la marche du mal est prompte & rapide, & combien au contraire, la marche du bien est lente & tardive.

Il me reste à parler de l'histoire naturelle. L'Europe s'est enrichie d'un nombre prodigieux d'oiseaux, d'animaux & de plantes dans tous les genres, dont nous n'avions aucune idée, & qui tous ont servi à étendre nos connoissances sur les productions de la nature. Jusqu'à présent la curiosité seule y a gagné, puisqu'il importe peu pour notre bonheur, que nos herbiers soient plus complets & nos cabinets plus riches en productions froides & stériles. A dieu ne plaise que je veuille considérer le travail des naturalistes comme inutile ou indifférent! Bien loin de là, je conviens qu'il est toujours beau, toujours intéressant d'acquérir de nouvelles productions : mieux on connoît la nature, mieux on peut suivre sa marche. Dailleurs, quand il ne résulteroit de l'aspect de ces variétés admirables d'animaux, de végétaux & de minéraux répandus ſur la terre par les mains bienfaiſantes du créateur, qu'un reſpect plus profond & une reconnoiſſance plus grande de notre part, le travail ſeul de ces naturaliſtes célebres ſuffiroit pour nous conſoler en partie des maux du Nouveau-Monde.

„ Pour conſerver & pour accroître les biens, cauſés par la découverte de l'Amérique :" il faut les apprécier & ne point en abuſer.

En les appréciant, il eſt néceſſaire d'encourager l'agriculture dans toute l'étendue des terres qu'on y poſſede, d'y maintenir des hommes integres & doux pour diriger les travaux, & de payer aſſez généreuſement leur zele pour qu'ils n'aient d'autres ſoins, d'autres deſirs que le bien public; d'y établir des inſpecteurs intelligens & honnêtes pour préſider aux récoltes, à leur chargement pour l'Europe. L'exactitude de ces hommes employés devant être néceſſairement juſtifiée par des examens publics, on évitera les dangers des connivences & des infidélités. Afin de récompenſer le zele & le déſintéreſſement de ces inſpecteurs, le gouvernement leur offrira l'alternative ou de reſter en place ou de ſe retirer au bout d'un terme fixé dans leur patrie avec dés honoraires honnêtes. Un autre objet que les puiſſances de l'Europe ne doivent point perdre de vue, c'eſt qu'auſſi longtems qu'elles poſſéderont quelques domaines dans cette partie du monde, elles s'attachent ſurtout à civiliſer les peuples ſauvages, & qu'à force de douceur, de patience & de bienfaits, elles méritent en retour une confiance entiere de leur part. Il importe eſſentiellement au bien de tous que l'on faſſe quelques réformes dans les loix & les réglemens particuliers à l'Amérique, que les droits de l'homme y ſoient mieux établis, plus aſſurés & les rapports plus utiles pour les deux hémiſpheres. Ces améliorations faites, il faudra s'occuper des moyens de conſerver à l'Europe tous les avantages que la nature lui a départis à l'égard de ſon ſol; que ni l'empire de la mode, ni la cupidité, ni la trop grande abondance des productions de l'Amérique ne nuiſent en aucune maniere, au moins eſſentiellement, à ſa propre culture, & que le ſuperflu de ces productions n'altere point l'eſpérance & l'avantage du cultivateur en Europe; on ſent que le commerce & l'induſtrie ne pourra plus alors s'étendre que ſur l'excédant de ces productions dont

dont le cultivateur & le citoyen pourront ſe paſſer.

Les biens produits par l'Amérique une fois appréciés, il ſera difficile d'en abuſer, ils s'accroîtront au contraire avec rapidité, & peut-être un jour nos neveux pourront-ils dire : „ Malgré les maux cauſés par le Nouveau-Monde, ſa découverte cependant eſt un bien." Ces biens ſeront exiſtans, & ne ſeront plus chimériques. Enfin, pour conſerver & pour accroître les biens que nous avons acquis, il ſuffit de ſavoir jouir de nos connoiſſances, & qu'elles ne ſoient plus une ſource intariſſable de diviſions parmi ceux qui les poſſedent. Il importe ſurtout d'apprendre à connoître dans les autres le degré de lumieres qui leur eſt aſſigné, & de coopérer avec unanimité au progrès des arts & des ſciences en général. Cette unanimité eſt d'autant plus eſſentielle, qu'elle ſeroit d'un prix ineſtimable pour la ſociété. De même que du foyer du ſoleil partent ſans ceſſe des rayons bienfaiſans qui alimentent & vivifient la nature, de même du concours heureux des ſavans, jailliroient ſans ceſſe des traits de lumiere qui diſſiperoient dans le reſte des hommes les ténebres de l'ignorance & de l'erreur.

Il importe beaucoup à l'humanité de trouver les moyens propres à remédier aux maux qui l'ont désolée. La tâche est difficile. Le remede exige une réformation dans nos mœurs & dans nos propres loix. Quand nos législateurs seroient unanimement persuadés de la nécessité de cette réformation, que les souverains mêmes encourageroient ce travail, il est douteux qu'il puisse être porté, je ne dis pas à sa perfection, mais seulement à son entiere exécution. Un côde universel auquel on pourroit appliquer des observations à portée d'être suivies & pratiquées par tous les peuples qui ont des rapports en Amérique, me semble aussi peu facile que la réalité d'une paix perpétuelle. Cependant ce n'est qu'avec une telle unanimité, un tel côde qu'on pourra essayer les moyens d'obvier aux maux de l'humanité & surtout à ceux produits par la découverte de l'Amérique. Les moyens de conserver les biens qu'elle a produits, tiennent à la même réforme.

Dès qu'il s'agit de peser les avantages & les inconvéniens des divers gouvernemens pour en former un tout convenable à divers peuples, de dévoiler toutes les faces différentes ſous leſquelles les biens & les maux de l'Amérique ſe ſont montrés, ce travail immenſe n'eſt point d'un ſeul individu; le tenter ſeroit une témérité. La dépravation de nos mœurs, en nous familiariſant avec le vice, nous rend plus enclins au mal & plus méchans. Nous penſons que, pour jouir, il importe peu que la paix de quelques individus obſcurs ſoit troublée; & la facilité qu'ont la plupart des hommes d'exercer des droits injuſtes, fait qu'ils comptent pour rien le bonheur d'être juſtes.

Si la plupart de nos loix n'étoient point en contraſte avec celles de la nature, les hommes apprendroient de bonne heure à les reſpecter; il s'en ſuivroit deux grands avantages, une affection bienfaiſante pour les malheureux, & plus de ſageſſe dans la diſtribution des bienfaits; & l'on verroit régner dans la ſociété, ces liens affectueux qui, rapprochant les hommes les uns des autres, ſemblent n'en former qu'une ſeule & même famille.

Qu'on faſſe découler les loix des principes que preſcrivent la morale & la nature, alors les dignités, les honneurs ne ſeront plus que la récompenſe du zele, de la capacité & de la vertu de chaque citoyen : *unicuique ſuum.* C'eſt à la ſcience des choix que tient celle de gouverner les cœurs & les eſprits, de faire aimer le vrai, de maintenir, d'encourager les liens ſacrés de la ſociété, & d'en rétablir l'harmonie, ſi quelque cauſe a pu la troubler. En un mot, il eſt eſſentiel pour donner moins de priſe à l'envie parmi les hommes, qu'ils ne ſoient eſtimés qu'à proportion de leurs vertus, & réputés grands qu'à proportion de leurs ſervices, enſorte qu'il n'y ait jamais entre eux d'autre émulation que celle de concourir au bien public. Pour lors l'ambition d'aſſervir & d'opprimer les hommes ſeroit regardée comme le plus grand des forfaits, & le dernier des opprobres. C'eſt ainſi que les égards, les honneurs & les louanges ne ſeroient plus un tribut honteux offert par les mains de la crainte ou de la miſere ; & l'orgueilleuſe opulence ne ſe targueroit plus des hommages également aviliſſans pour l'idole & l'idolâtre.

Si les Européens euſſent mieux connu la dignité de l'homme, ils auroient été plus vertueux & plus ennemis des déprédations ; ils n'auroient vu dans les Indiens que des freres ; loin de les traiter avec indignité, ils ſe ſeroient occupés des moyens de s'en faire aimer, en leur inſpirant le deſir de ſe réunir à eux pour ne faire qu'un ſeul & même peuple. De ſages légiſlateurs, au lieu de contrarier les loix, ou d'y déroger, ne ſe ſeroient appliqués qu'à s'y conformer pour y puiſer les maximes qui d'un peuple ſauvage peuvent faire un peuple doux, humain, ſage & heureux. Ils auroient ſu que ſi ces Indiens, qu'il nous plaît d'appeler ſauvages, ne raiſonnent pas régulierement & méthodiquement des droits de l'humanité, ils n'en ont pas moins les principes originairement gravés dans leur ame. Les ſauvages ſont moins éloignés que nous des principes d'une bonne civiliſation. Qu'on leur montre l'utilité des vertus, ils les ſuivront avec plus de conſtance & de force que nous, qui, malgré notre fiere arrogance, nos ſophiſmes & nos livres, ſommes forcés d'avouer notre foibleſſe dans la pratique, & ne rougiſſons pas même de juſtifier nos paſſions par des beſoins factices. Ces ſages inſtituteurs auroient commencé par leur apprendre qu'outre les moyens de ſubſiſter du produit de la chaſſe & de la pêche qui peuvent ſouvent leur manquer, il en eſt de plus ſûrs & de moins pénibles, tels que la culture des terres & l'entretien des troupeaux, ressources propres à leur procurer les commodités de la vie. Voilà ce que les Européens auroient dû faire lors de la découverte du Nouveau-Monde : ce ne sera jamais qu'en adoptant ces principes qu'ils accroîtront les biens dont ils jouissent, & remédieront aux maux qui alterent leur félicité.

CONCLUSION.

Les biens & les maux produits par la connoissance d'un nouvel hémisphere, ne sont point à leur comble. Les uns & les autres augmenteront encore, & l'on ignorera même après bien des siecles, si l'on peut espérer enfin que la somme des biens balance un jour celle des maux, relativement à notre maniere de sentir & de jouir. En suivant la marche du cœur humain, nous avons plus lieu de nous affliger que de nous réjouir. Nos mœurs ſe corrompent de plus en plus; notre conſtitution s'altere de génération en génération ; chaque jour nos beſoins deviennent plus nombreux & plus preſſans ; l'amour du repos nous rend le travail plus pénible ; il énerve nos corps, affoiblit les reſſorts de notre ame. Ce que nous aurons gagné par les arts & les ſciences, nous le perdrons par notre indolence & notre frivolité. Tel eſt le triſte tableau que nous devons nous faire des générations futures. Ce ſera le Nouveau-Monde, jadis notre eſclave, en grande partie peuplé de nos émigrans, qui viendra nous donner des fers à ſon tour. Son induſtrie, ſa force & ſa puiſſance, augmenteront à meſure que diminueront les nôtres; l'Ancien-Monde ſera ſubjugué par le Nouveau : & ce peuple conquérant, après avoir également ſubi les loix de la révolution, périra de même par les mains peut-être d'un peuple qu'il aura eu le malheur de découvrir. C'eſt ainſi que les biens & les maux en ſe perpétuant & ne ſe ſéparant jamais, iront toujours dans une inégalité apparente, étonner, surprendre, au milieu de ses méditations, le philosophe qui voudra les distinguer, les comparer & décider.

FIN.

PORTRAIT

DE

CHRISTOPHE COLOMB.

Les destins de Colomb furent marqués par des événemens si extraordinaires & si disparates qu'on ne sait lequel on doit plus admirer ou sa modestie au faîte des grandeurs, ou sa patience dans l'adversité. Egalement grand sous tous les points de vue, il inspire à sa postérité la plus grande vénération. Dans un siecle plus éclairé, sous un gouvernement plus juste que celui de Ferdinand, Colomb eût joui, vivant, de son immortalité. On ne peut lire sans douleur & sans attendrissement les détails de sa vie par Don Fernand son fils. Quel spectacle peut inspirer plus d'horreur pour l'ingratitude que celui où Colomb sort en cheveux blancs & les fers aux pieds de ces mêmes vaisseaux auxquels il avoit frayé la route glorieuse d'un Nouveau-Monde ! Enfin après vingt ans de ſervice, des fatigues ſans exemple, des ſujets continuels de larmes, accablé d'années & de maladies, la ſeule reſſource de ce vieillard vénérable pour la nourriture & le ſommeil, c'eſt-à-dire pour les beſoins les plus communs de la nature (*) fut les hôtelleries publiques. Son chagrin fut ſi vif qu'il en mourut : il avoit alors ſoixante-cinq ans.

„ Colomb étoit d'une taille haute & bien proportionnée. Son regard & toute ſa perſonne annonçoient de la nobleſſe. Il avoit le viſage long, le nez aquilin, les yeux bleus & vifs, & le fond du teint blanc, quoiqu'un peu enflammé. Dans ſa jeuneſſe, ſes cheveux avoient été d'un blond ardent ; mais la fatigue & les chagrins les firent blanchir avant le tems. Il avoit d'ailleurs le corps bien conſtitué, & autant de force que d'agilité dans les membres. Son abord étoit facile & prévenant, ſes mœurs douces & aiſées. Il étoit affable pour les étrangers, humain à l'égard de ſes domeſtiques, enjoué avec ſes amis & d'une admirable égalité d'humeur. On reconnoît dans les

(*) *Sic invidia virtuti comes.*

évenemens de ſa vie, qu'il avoit l'ame grande & forte, l'eſprit fécond en reſſources, le cœur à l'épreuve de tous les dangers. Perſonne ne poſſédoit mieux que lui le ton de l'éloquence du commandement. Il parloit peu & avec grace. Il étoit ſobre, modeſte dans ſon habillement, plein de zele pour le bien public & pour la religion. Il avoit une piété ſolide, une probité ſans reproche, & l'eſprit orné par les ſciences." Si des défauts légers ont quelquefois obſcurci tant de qualités rares & brillantes, c'eſt qu'il étoit homme. L'antiquité eût mis COLOMB au rang de ſes demi-dieux, & l'encens auroit fumé ſur les autels qu'elle lui auroit érigés.

ERRATA.

p. 57 *ligne* 5 qui a le plus,
liſez qui a eu le plus.

BIBLIOTHEQUE ROYALE
I

www.ingramcontent.com/pod-product-compliance
Ingram Content Group UK Ltd.
Pitfield, Milton Keynes, MK11 3LW, UK
UKHW020932180726
13838UKWH00002B/893

9 782329 055121